横道 誠
京都府立大学准教授

発達障害の子の勉強・学校・心のケア

——当事者の私がいま伝えたいこと

大和書房

はじめに

発達障害の子どもは勉強していく上で、人一倍の苦労を経験することが多いと思います。私自身、発達障害の子どもだったので、その事実をなまなましい体験込みで理解しているのです。そして、その発達障害の子どもの親も、やはり苦労することは疑えません。世間の多くの家庭の子どもには問題なく当てはまるノウハウが、ほとんど役に立たないのですから。

この本を書くにあたって類書を、つまり発達障害の子どもが勉強できるようになるための本を、そして成長後に社会で活躍していけるようになるための本をいろいろと読んでみました。とても勉強にはなったことは確かですが、私自身が子どもの頃にぜひ知りたかったというノウハウは、ほとんど書かれていませんでした。なぜかと言えば、**ひとくちに「発達障害」と言っても、その実態はほんとうにバラバラで、当事者の子どもごとに別々の困りごとがあって、だから解決方法としても別々の正解がある**からです。そうした本を読みながら、「こうすれば良いよ」というアドバイスに、「私の場合はちがう。これは私が子どもの頃に意味をなさなかった解決方法だ」と思うことは非常に多かったのです。

私はかつては発達障害の子どもとして、いまでは発達障害のおとなとして、さまざまなライフハックを独自に開発してきました。じぶんの苦労の仕組みを仲間と協力して研究し、生きづらさを減らしていく取りくみは**「当事者研究」**と呼ばれているのですが、私はこの用語ができるずっと前から、子どもの頃から仲間なしに当事者研究を、ひとりで孤独に続けてきたのです。おそらく、発達障害の人の多くがそうなのではないでしょうか。

いまでは仲間がいれば、つまり当事者研究の「共同研究者」にあたる人々がいれば、もっと良かったと思います。チームワークが生まれて、ずっと幸せな子ども時代を送ることができたのではないかと思います。

仲間は必ずしも同級生でなくても良かったのです。はっきり言えば、じぶんの親が仲間だったら、一緒に研究してくれていたら良かったと思っています。だからこの本は、発達障害の子どもの親にむけて、当事者研究をしながら生きていくはずの子どものために、共同研究者になって、勉強や学校生活を支えてあげてくれませんか、心のケアに眼を向けてもらえませんか、と提言する内容になっています。

なお、本書では「自閉スペクトラム症の子ども」とか「注意欠如多動症の子ども」という表現を多用していますが、実際には自閉スペクトラム症の子どもは、非常にしばしば注意欠如多動症を併発しています。注意欠如多動症と診断された子どもも、どこかしら自閉スペクトラム症の特性を併せもっていることがほとんどです。

ですから本書で「自閉スペクトラム症の子ども」という表記を見たら、「うちの注意欠如多動症の子にも関係があるかもしれない」と思って読んでみてください。「注意欠如多動症の子ども」という表記を見ても、同じく「うちの自閉スペクトラム症の子にもそれらしいところがあるのでは」と考えながら読んでいただきたいと思っています。

「自閉スペクトラム症の子ども」に関する記述は、うちの注意欠如多動症の子には無関係だ、とか、うちの子は自閉スペクトラム症と診断されたから、「注意欠如多動症の子ども」に関する記述は飛ばして良いと判断してしまうと、じぶんの子どもの発達障害がわからなくなってしまう危険があります。発達障害の立体性と多面性を理解することで、子どもへの支援はうまく機能するようになります。

CONTENTS

3章 親がまず冒険のための装備と仲間を整える

4章 敵はストレスとトラウマ

5章 社会性のダイバーシティ

8章 フロー状態でやるテスト勉強

9章 ひとり探検隊のキャリア形成

10章　守るもののために諦めていく

1章

基本的なことについて

発達障害とニューロダイバーシティ

発達障害は医学的には神経発達症と言って、自閉スペクトラム症（ASD）、注意欠如多動症（ADHD）、限局性学習症（SLD）、発達性協調運動症（DCD）、精神遅滞（知的障害）などが含まれます。

日本の福祉行政では、発達障害と知的障害は別物として扱われていて、発達障害者は精神障害者の一種として扱われ、精神障害者保健福祉手帳が交付されます。知的障害者には、それとは別の療育手帳が交付される（一部の地域で例外あり）ので、医学的には知的障害が発達障害の下位カテゴリーに入るという事実に、違和感を持つ発達障害の人やその家族もいるかもしれません。

２００５年から発達障害者支援法が施行され、ゼロ年代から10年代にかけて、発達障害に関する日本社会での認知は急速に広まりました。これを「発達障害ブーム」とか「発達障害バブル」などと言って揶揄する専門家がいるのは残念なことです。それまで理由がわからず困っていた発達障害者たちの多くが、支援を受けるプロセスに入ることができた事実は、けっして軽んじて良いことではありません。

２０２０年代になって、急速に注目されているのが、**ニューロダイバーシティ（脳の多様性）**という考え方です。これは１９９０年代に英語圏での自閉症権利要求運動から生まれた概念で、さまざまな説明がありますが、私はつぎのように捉えています。それは**発達障害のない「定型発達」のおとなと子どもを「脳の多数派」と捉え、発達障害のおとなと子どもを「脳の少数派」と捉える考え方**です。多数派と少数派のあいだには比較的明瞭な差異があるのですが、多数派のなかにも少数派のなかにも多様性があって、ひとりひとりバラバラだという事実は忘れてはいけません。

なお、しばしば「脳の少数派」は天才的な人材の鉱脈だから、それを経済や産業に活用しよう！　という呼びかけが出されますが、実際には「脳の少数派」だから天才としての可能性に満ちている、とは言えないことがわかっています。人並外れて劣って見えがちな発達障害の子どもに、じつは人並み外れて高いポテンシャルが隠れているのではないか、と期待したい親心は痛いほどわかるのですけれども、過度な期待は子どもを追いつめてしまいますから、どうかご注意ください。

横道誠の物語

この本を書いている私は、40歳で自閉スペクトラム症と注意欠如多動症を診断されています。このふたつの発達障害が併発することは非常に多く、海外では自閉症（Autism）とＡＤＨＤを合体させたAuADHDという表記を使う人が増えているほどです。さらに言えば、私にははっきりと発達性協調運動症も併発していますし、限局性学習症に属する算数障害の傾向もあらわです。

私はときとして、「あんまり発達障害者に見えないですね」と言われることもあります。それは結論から言うと、**「擬態《ぎたい》」**に心血を注いで来たからです。発達障害者は、生育過程でまわりからダメ出しをされつづけ、自尊心を損なわれつづけるわけですから、どうすれば生きやすくなるか模索しつづければ、「ふつうの人のふり」、つまり「定型発達ぶりっ子」をすれば良いという結論になることは珍しくないのです。

この「ふつう人のふり」が、発達界隈（発達障害の人が集まるＳＮＳ上のクラスターや現実での人間関係・コミュニティの総称）では「擬態」と呼ばれています。学問的な発達障害研究の分野では、**「カモフラージュ」（偽装）**と呼ばれています。人は誰しも成長の過程で親やまわりの友人や教師を模倣しながら、人間らしい人間へと成長していくというのはもちろんなのですが、発達障害の子どもや人には、それとはちょっと次元の違うカメレオン的戦略が発生しやすいのですね。

もうひとつ、私が発達障害があるように思われにくい理由があります。公立大学で准教授を務めている私が、言うほど失敗だらけの人生を生きているようには見えないからだと思います。そう感じる人たちに、できることなら私との短期間の共同生活を提供したいくらいです。そうしたら、私がどう考えても発達障害者にほかならないことが、明らかでしょうから（笑）。外では「大学の先生らしく」という演技も続けてきましたから――これは「擬態」とは異なって、社会人なら誰でもやっているような演技のはずですが――ぱっと観察した限りでは、私が異常なほど不注意だとか、攻撃的に感じられるほど一方的な印象があるとかいう、発達障害者が与えやすいイメージを感じさせにくいのでしょう。

さらには、私が発達障害者に見えにくい理由として、私がさまざまなライフハックを獲得してきた上に、発達障害の診断を受けたことで、じぶんの発達障害者としての特性を「どおどお」とあやせるようになり、おおむね落ちついて生きていけているということが、大きいと思います。かつて通所していた発達障害者支援センターでは、私がふだんどのように生きていくかを説明していくと、「横道さんほど工夫しまくりながら生きている当事者を知らない」と絶句されたことすらあります。

その私や私の発達界隈での仲間たちの工夫の仕方を紹介しながら、本書を進めていくことになりますが、読者のみなさんにまず押さえておいてほしいのは、私が**困りごとの解決はそれぞれの問題の当事者がじぶんでやるもの**と考えていることです。既存の発達障害の子どものための勉強本が、子どものときの私にはほとんど役に立たなかっただろうと感じたのと同様に、私がじぶんなりのさまざまなノウハウを単純に示しても、同じことになるだけです。私にとって根本的な解決になった方法は、ほかの人には無益なことが多いです。

もちろん、なんらかの参考になると思って示すことはありますが、それは「あくまでも一例」として、あるいは「叩き台」として受けとってほしいのです。参考になるようなら参考にするけれど、基本的には独自に開発するものと考えてください。**発達障害の子どものライフハックは、その子自身の当事者研究によって、はじめてジャストフィットのものが生まれます。**その開発に、ぜひとも読者にあたる発達障害の子どもの親のみなさんが協力してあげてほしいのです。

当事者研究ってどういうもの？

当事者研究という言葉は、教育の現場では、まだなじみのある言葉ではないと思います。

当事者研究は、21世紀が始まった頃に北海道にある「浦河べてるの家」という、精神障害などを抱えた人たちの地域活動拠点で生まれました。

ふだんからじぶんの苦労の仕組みについて考察し、ミーティングで発表して、そこに集まっている似た問題を抱えた仲間たちと意見交換する。それから、ふたたびじぶんなりの研究を進める日々に入り、さらにそれを次回のミーティングで発表する、と往還運動を続けていく。この連続によって、じぶんの生きづらさを減らしていくのです。ふだんのじぶんなりの研究は「自分研究」とか「自己研究」とか「ぼっち研究」と呼ばれているようです。ミーティングでは司会者が進行し、ホワイトボードを担当する人が当事者が考える苦労の仕組みや、仲間たちから出た発言を図示したり筆写したりしていきます。

ここには認知行動療法の発想、つまり支援者の監督を受けながらじぶんの認知のあり方を自己観察し、行動を変容させることで生きづらさを減らしていく心理学の技法が影響を与えていることは疑いを入れません。ただし支援者主導ではなく、当事者主導という点が認知行動療法とは決定的に異なる点です。さらに、共同生活の場で始まった取りくみなので、悩みを抱えている人の行動の変容だけでなく、環境調整をおこなうことが不可欠です。周囲の生活空間や人間関係の変化にアプローチする点でも、従来の認知行動療法とは異なっています。

カウンセリングの世界に、ナラティブ・セラピーという技法があります。じぶんが当然と思ってきた人生の物語をカウンセラーの助けを受けつつ別の角度から光を当てなおし、人生の物語を別様に紡ぎなおすことで、世界観を変革させ、クライエント（相談者）の生きづらさを減らすという内容です。ナラティブ・セラピーには**「人と問題を分ける」**という技法があって、それは当事者研究にも受けつがれています。

人はしばしば、じぶんを悩ませる問題をじぶんの人格そのものと混同してしまいます。たとえば精神疾患があると、問題行動を起こしてしまうために周囲からしばしば人格を否定され、じぶんでもじぶんを追いつめてしまいます。そうすると自尊心が崩壊し、ますます自滅していくのです。しかし、よく考えてみると、**各種の精神疾患であれ、発達障害であれ、問題行動はその精神疾患や障害のせいで起こっているわけであって、その問題行動**

を起こしている人の人格のせいで起こっているわけではありません。精神疾患の当事者や発達障害者は、精神疾患や発達障害に由来する諸問題という「悪」に悩まされ、懸命に戦っている「善」の側だと理解を変更することができます。そこから開かれる新しい視界が、その人の状況を好転させることは稀ではありません。

当事者研究のミーティングや当事者のふだんの生活に、支援者が助力の言葉を与えることは非常に多くあります。ですから当事者研究はプロの支援者を排除する取りくみではありません。それでも、あくまで当事者主導で進めるということがたいせつです。そして、その当事者と問題をともにする共同研究者が必要になってきます。

親は子どもの共同研究者

この本では、当事者研究をぜひ家庭に持ちこんでほしいと提案します。子どもがじぶんの困りごとをじぶんで考える当事者研究者になる。でもひとりだけでは心細いし、考えが及ばないこともいろいろあるから、共同研究者としての親が、メイン研究者たる子どもをバックアップする。そうすることで、いろんな問題が効果的に解決できたり、勝手に解消したりします。

私たち人間は、ふだんはいちいちそう考えることが少ないにせよ、みんな一点ものです。定型発達の人や子どもも当然ながらみんな一点ものですが、発達障害のおとなや子どもは、じぶんたちのことを充分に考慮せずに作られた社会を生きているわけですから、なおさら特殊な一点ものと言えます。そのじぶんという一点ものを生きのびさせるために、ある意味ではじぶんの全人生を賭けてきた、というのが私の生涯の実態でした。

人はみんな究極的には、じぶんの人生をじぶんでサバイバルしていくしかありません。定型発達の人たち向けの世界を、困りながら必死に探検しながら進んでいくしかありません。でも、その探検を始めるにあたって、じぶんの親が最高の同伴者になってくれるとしたら、どんなに心強いでしょうか。ぜひみなさんが、じぶんのお子さんのそんな同伴者になっていただけるとすばらしいと思います。

発達障害の子どもたちは、言われるまでもなく、じぶんでそうと気づいていなくても、みんな当事者研究をしているはずです。「なぜじぶんだけうまくできないのだろう」「なぜじぶんだけ嫌われるのだろう」「なぜじぶんだけ叱られるのだろう」と悩み、苦しみながら、事態を好転させようと苦闘しています。ですから、その子を助けてあげたいと思うだけで、親はその子の共同研究者なのです。

親の課題とは？

それでは、いったいどんな共同研究が効果的でしょうか。**親の課題は、子どもとは異なる視点から問題に光を当てる**ということになります。親が子どもと同じ目線でものごとを眺めてみることは非常にたいせつで、そうでないと親は子から信頼されませんが、同じくらいたいせつなことは、親が子どもの問題に巻きこまれて解決のための鍵を失ってしまわないようにしないといけない、ということです。

当事者研究で「仲間」が語る言葉は、問題を別の角度から照らしだし、複雑な形をした立体状の問題が、それまでとは別の姿を現すようになります。プロの支援者が参加していたら、それは認知行動療法の「リフレーミング」と同じものだと考えるでしょう。私はそれに対して、なにも反論しません。リフレーミングを、ぜひ親から子どもに提供してみてほしいです。典型的なリフレーミングにはつぎのようなものがあります。かんたんに言えば、それはものごとの捉え方の転換です。

■ 落ちついていられない↓エネルギーに溢れている
■ 飽きやすい↓新しいことに挑戦できる
■ 臆病だ↓慎重だ
■ しつこい↓粘りづよい
■ すぐに休んでしまう↓じぶんへのいたわりは何よりも大事
■ 疲れてもうダメだ↓全力を尽くして勇敢だった
■ 結局は失敗だった↓まずい方法についての経験値が増えた
■ 寝坊した↓寝不足よりはずっといい
■ 遅刻した↓欠席しなかった
■ 泣いてしまった↓無理をしなかった
■ 勉強時間が少ない↓少しでも勉強した
■ 友だちに嫌われた↓これから、ほかの子との新しい縁が生まれる
■ 最悪な一日だった↓どこまでも一生懸命にがんばった
■ 自己中心的↓もう少しの工夫でリーダーシップを発揮できる

できないことだらけだ↓以前よりはできるようになった

親はこのようなリフレーミングを示しながら、共同研究者として子どもの当事者研究を応援してほしいと思います。問題の絶対的な解答はしばしば存在しません。「ひとまずの結論」に落ちつく研究は多いでしょう。

たとえば夏休みの宿題を期限までにギリギリでもやれば良いと考えるか、速攻で終わらせたほうが良いと考えるか。それに普遍的な正解はありません。子どもごとに妥当な解決は異なってくるし、ギリギリ派だった子が速攻派の子に変わって「正解だった」と判断したり、速攻派の子がギリギリ派の子に転じて、「いや、正解はこっちだ」と思ったりします。おとなに成長したのちも、「正解」が何度か変遷する可能性もありますから、時期というかタイミングによって、正解は変わってきます。

発達障害児支援の世界では、「スモールステップ」という言葉が好んで使用されます。目標を細分化して、小さな達成を積みかさねながら、大きな目標に少しずつ近づいていかないと、発達障害の子どもの教育支援はうまくいかない、という考え方です。基本的に私も賛成する理念ですが、いくら目標を細分化しても、クライエントにあたる発達障害の子どもに飲みこんでおいてもらわないと、つまり医療の現場で言うインフォームド・コンセント（情報提供された上での同意）がないと、失敗だらけになってしまいます。

発達障害の子どもが主役となる当事者研究は、まさにこの難点をクリアします。当事者研究は、発達障害の子どもの体験世界を尊重しながら、新しい取りくみを無理のない範囲で導入し、その子の人生を少しずつ深化させていくものなのです。

2章

火星人の群れに
囲まれた
地球人の子ども

発達障害の子どもの内側から世界を眺めてみる

発達障害の子どもを育てている親としては、多くの家庭と異なる独特な仕方で子育てをしなければならないことに、さぞ困って疲れているのではないかなと思います。正直に言って、うちの子どもは困った子だなあと思うことが多いのではないでしょうか。

私のように発達障害の自助グループをやっていると、よく話題になるのが「困った人は困っている人だ」というテーゼです。**みなさんのお子さんが「困った子」だとしたら、その子はまちがいなく「困っている子」です。**これはみなさんも、子どもの様子を眺めていて、問題なく理解できるはずです。

でも、その子がじぶんたち親まで困らせてくる存在になると、混乱したり迷惑に感じたり腹が立ってしまったりして、じぶんを困らせてくる子どもがいかに困っているかという問題が、よくわからなくなるのではないでしょうか。

障害というものを理解するには、まず医学モデルと社会モデルがあります。医学モデルとは、障害者が障害者になってしまうのは、その人の身体的器質の欠損が原因だと考える単純な理解です。これに対して、社会モデルが提唱されました。つまり障害者が障害者になってしまうのは、固有性の高い身体的特徴を持った人に生きづらい人生を送らせる社会の側に原因があって、社会の側が変わることによって障害が除去されれば、その人は実質的に障害者ではなくなるという考え方です。

現在の考え方では、国際生活機能分類（ＩＣＦ）による医学モデルと社会モデルを総合した考え方が主流になっています。つまり、個人の身体的器質と周囲の環境の不一致によって、障害者は障害者になっているという考え方です。「障害者」という書き方をしてきましたが、もちろんこれは発達障害児でも同じです。ですから、**ポイントは環境調整にある**ということになります。

ただし、環境調整について考える前に、発達障害児の内側からは世界がどのように体験されているかを理解しておくことが重要だと私は考えます。それがわからなかったら、どのように環境調整をすれば良いか、支援する側としてもわからなくなってしまいます。

自閉スペクトラム症の子どもの体験世界

村中直人さんは『ニューロダイバーシティの教科書』で、自閉スペクトラム症の人は他者とのつながりよりも物とのつながりを重視しやすいことを指摘しています。たとえば、金髪の女性の顔が写った写真を見せた場合、定型発達の人はその人の眼を中心に見ることが多いのですが、自閉スペクトラム症の人は、その人の美しい金髪のきらめきにむしろ視点が定まりやすいという実験結果があるそうです。

もちろん、その人の顔立ちと髪の質感のどちらが、その自閉スペクトラム症の人の興味の対象として優先度が高いかによっても結果は変わってくるでしょうけれど、一般的に言って、自閉スペクトラム症の人には定型発達の人とは異なる興味関心が生まれやすい傾向があることは、たしかです。これを「利己的な他者軽視」と考えてしまうならば、ぜひ1章で説明したリフレーミングをしてみてください。「自閉スペクトラム症の人は、定型発達の人ほど、人間を物以上にえこひいきしない」とリフレーミングできるはずです。

井手正和さんの『発達障害の人には世界がどう見えるのか』では、定型発達の人はアロセントリックで、自閉スペクトラム症の人はエゴセントリックだという考え方が紹介されています。アロセントリックは他者中央的、エゴセントリックは自己中央的と訳せそうです。つまり定型発達の人には他者間の関係性というのを踏まえてものごとを把握するのが得意な傾向があり、自閉スペクトラム症の人には自己から他者に向かって放射する仕方でものごとを理解するのが得意な傾向があるということです。これも一見すると自閉スペクトラム症の人は「自己中心的」と考えてしまいそうですが、リフレーミングをすると、「やり方次第で、定型発達の人には難しい強力な求心力を生みだせる」ということでもあります。

自閉スペクトラム症の子どもは、友だちとうまく遊ぶことができず、関係がギクシャクしたり、ひとり遊びを好んだりすることが多いですよね。親としてはハラハラしてしまうとは思いますが、ひとり遊びは新たなものごとを創造するための源泉として重要な意味を持っています。ウタ・フリスという有名な心理学者は、自閉スペクトラム症の人は「中枢性の統合が弱い」、つまり「木を見て森を見ず」の傾向があると論じました。ひとまずは、自閉スペクトラム症の人は大局観が弱いと言えそうですが、それもリフレーミングすると、枝葉の細部まで眼差しが浸透しやすいということと同義です。

自閉スペクトラム症があると、メタ認知が弱い、つまり自己を俯瞰して客観的に捉えるのが難しいとも言われます。でも、それならば定型発達の人は自己に没入する能力が低い傾向にある、と言わなければ不公平になります。自閉スペクトラム症があると文脈を読むのが難しいと言われ、まわりの状況に鈍感だ、ちゃんと「空気が読めない」（KY）と非難されやすいですが、井手正和さんの先にあげた本では、自閉スペクトラム症の人は周辺情報に惑わされにくいことが言及されていて、錯視などが定型発達の人より起こりにくいと解説されています。

自閉スペクトラム症があると、感覚が過敏だと、よく言われますね。「過敏」とは正常ではないというニュアンスがこもった表現ですが、自閉スペクトラム症のこの特性は、五感などの能力が平均よりも鋭いとリフレーミングできます。井手さんは、この感覚過敏を時間分解能の高さとして説明していて、細かなことに細かく反応できると論じています。たとえば定型発達の人には気づきにくい細かな振動を、自閉スペクトラム症の人は鋭く検知する傾向にあります。

このようなリフレーミングを活用しながら、自閉スペクトラム症の子どもの体験世界に、思いを馳せてみてください。知らない道を怯えて進めなくなるのは、定型発達の子どもよりも感覚が鋭くて、不安要素をしっかり察知するからです。それは生きのびるために役立つ能力です。自閉スペクトラム症があると、こだわり行動と呼ばれるルーティンを反復することが多いですが、それはじぶんにけっして合っていないこの世界で、じぶんという存在の平衡性を守ろうとするために、必死の防衛反応をめぐらせているのです。

注意欠如多動症、限局性学習症、発達性協調運動症の子どもの体験世界

注意欠如多動症の子ども、限局性学習症の子ども、発達性協調運動症の子どもが体験している世界についても、同じように「内側から眺めてみる」試みは有効です。ぜひ子どもの当事者研究の共同研究者として、子どもと対話して、また専門家に話を聞いたりしながら、それができるようになってほしいと思います。

注意欠如多動症があると、その子どもはやたらと動きたがって、親としては手がかかることが多いと思いますが、これはその子どもの頭のなかで、思考がわっと一斉に湧きだして流れていく、俗に**「脳内多動」**と呼ばれるものに原因があります。でもこれにしても、容易に想像がつくと思いますが、創造性の重要な源泉になります。ぼんやりと不注意に

なってしまうことも多いですが、これは注意の配分が平均と異なるからで、じつはその子どもにとって特別にたいせつなことについては、定型発達の子どもよりも注意深くなっていることも多いのです。

限局性学習症や発達性協調運動症については、私自身について振りかえってみても、仲間たちの話を聞いていても、それらをリフレーミングして、肯定的に捉えなおすのはなかなか難しく感じます。算数障害の傾向で、数学が絶望的にわからなかったこと、発達性協調運動症があるために、スポーツが絶望的にできなかったこと（粗大運動の不得意）、手先や身のこなしが不器用だということ（微細運動の不得意）で、「なにかトクをした」ということは、まったくないかもしれません。とくに子どもの頃は、算数の時間と体育の時間は、生き地獄のように感じてばかりでした。

とはいえ、じぶんの向き不向きをしっかりと理解できたことで、じぶんがどのような性状の人間なのかを、発達障害の診断を受ける前からかなり正確に把握し、じぶんが歩むべき道を見定めやすくなったことを思えば、やはり少しはプラスの面があったのかなと思います。限局性学習症や発達性協調運動症で苦しんでいる子どもたちには、ぜひ学校と協力して、苦しみをやわらげる支援の手を差しのべてあげてほしいと思います。

私には自閉スペクトラム症と注意欠如多動症の診断、限局性学習症と発達性協調運動症の傾向のほかに、チック症と軽い吃音《きつおん》もありました。これらは医学的には、みんな発達障害です。鬱状態（適応障害）と、深刻ではないもののアルコール依存症の診断を受けた時期もありました。発達障害とは異なる精神疾患としては、複雑性ＰＴＳＤ（長年の虐待などによって複雑化した心的外傷後ストレス症）も出ていて、もしかしたら社交不安障害の傾向もあるかな、と感じることがあります。

現代の医学では、発達障害は投薬や外科手術によって根治する、などということが不可能だという事実は、すでにご存じの方が多いでしょう。ひとつの発達障害は、ほかの発達障害と併発することがとても多いほかに、二次障害として、なんらかの精神疾患を呼びこむことも多々あります。発達障害は先天性、つまり生まれつきのものですが、その子に合っていない世界で生きつづけたことで心に傷を負い、つまり後天的な仕方で二次障害に罹患してしまうのです。

発達障害の子どもを育てる上でのポイントは、発達障害は治ったりしないわけですか

ら、それはどうしようもないと割りきるとともに、とにかく二次障害に罹患させないことです。かりに罹患したとしたら、軽度で終わらせること、そして残念ながら深刻化した場合は、まず二次障害からの回復の道をひたすら探ること、と言えます。

火星人たちに取り囲まれて地球人の子どもひとり

発達障害の子どもの体験世界を内側から眺められるようになると、その人生の過酷さに胸を打たれるのではないでしょうか。発達障害の子どもは、定型発達の人や子どもに「宇宙人みたい」という印象を、つまり地球外知的生命体であるかのような印象を与えますが、これも外側から眺めた見方になっていて、公平とは言えません。

発達障害があってもなくても、子どもの視点に立てば、じぶんが世界の中心のように感じるのはふつうのことです。いや、それどころか定型発達のおとなにしたって、私たちは私たちの意識から完全に離脱して世界を見渡すことなんて不可能なわけですから、ものごとを知覚し、認識し、行動するすべての過程で、じぶんは世界の中心点として機能しています。

ですから、発達障害の子どもがじぶんの立っている場所から、つまり世界の中心地点から見れば、じぶんだけが地球人で、ほかの子どもたちやおとなたちの大多数は、火星人のようなものなのです。自閉スペクトラム症の子どもは全体の1パーセントか2パーセント、注意欠如多動症の子どもは5パーセント、診断に至らなくても発達障害の傾向を持った子どもたちは1割弱と考えられています。**ですから、発達障害の子どもは、100人のうち90人以上が火星人の子どもたちという火星世界に、数人で放りだされながら生きているあわれな地球人の子どもたちなのです。**

発達障害の子どもを見ていると、わがままでじぶん勝手に見えることが多いと思います。でも、定型発達の子どもたちは、自然に行動するとうまくいくという社会が作られているのに、発達障害の子どもたちは、なぜかじぶんが自然に行動すると叱られ、ののしられ、いじめられ、仲間外れになるという世界に生きています。

定型発達の子どもをキツネザルに、自閉スペクトラム症の子どもをネコに、注意欠如多動症の子どもをイヌに例えたら、90匹以上のキツネザルにまじって、1匹か2匹しかいないネコや、5匹くらいのイヌが同じ柵のなかで生きのびて行かなくてはならないという状況なのです。わがままでじぶん勝手に見えるとしても、「どうしてじぶんばかりが責められるのか」「なぜじぶんばかりが我慢しなければいけないのか」と混乱しながら、必死に生きのころうともがいている結果です。

注意欠如多動症の子どもは、ちゃんと椅子に座っていられずに歩きまわったりします。それは当たり前のことです。**その椅子が、注意欠如多動症の子が歩きまわらずに座っていられるように設計されていないことが問題なのです。その椅子は、定型発達の子どもが座っていられるように設計されているだけなのです**。

自閉スペクトラム症の子どもが、すぐに「疲れた」と言う傾向にあるのも、同じことです。ひとりの地球人として、多数の火星人に接し、対話し、合わせようとし、失敗して叱られる。疲労困憊しないほうがおかしいでしょう。

以上のような、発達障害の子どものリアルな体験世界に、ぜひ真剣に思いを凝らしてみてください。そして、じぶんの子どもでもよその子どもでも、「この子、困った子だな」と感じる発達障害の子を見かけたら、その子が孤立して戦いつづけていることを察してあげてほしいです。「よくがんばってきたね」と励ましてあげてください。「うまくコミュニケーションが取れない」という理由で、潰されていった才能は無数にあると思います。**そ**

の人の自己責任などではなく、この世界の責任です。あなたのお子さんを、どうかそのような目に遭わせないでください。

擬態しながら同感に飢えている

「二重共感問題」（ダブル・エンパシー・プロブレム）は、日本では発達界隈でも、それどころか発達障害支援の現場でも、まだ充分に知られていない概念です。２０１２年にダミアン・ミルトンという自閉症研究者が、自閉スペクトラム症の人と定型発達の人とのあいだに生じる共感の断絶は、相互の体験世界の理解不足にもとづくものだと指摘し、その現象をこの名前で呼んだのです。伝統的に自閉スペクトラム症には共感能力、他者理解の能力に欠陥があると論じられてきましたが、その考え方は変わりつつあります。

でも、みなさんには、もはやこのことはじっくり説明するまでもないかもしれませんね。ひとりの地球人としての自閉スペクトラム症の子どもが、90人以上の火星人としての定型発達の子どもに共感が難しいとしても、それを「人の心を理解する能力の欠陥」と言うのは不適切でしょう。地球人と火星人のあいだの体験世界の落差、つまり内面的な文化事情の差異に起因する問題が決定的なのです。

定型発達のおとなにとっても、別の定型発達の人の心を理解するのは、やはり難しいと感じる場面が多いでしょう。火星人の成人同士でも、そうなわけです。火星人の子ども同士でも、つまり定型発達の子ども同士でも、当然ながら難しいはずです。それならば、地球人の子どもにあたる自閉スペクトラム症の子どもが、火星人の子どもやおとなの心をうまく理解できないことは、あまりにも当然のことだとは思わないでしょうか。「コミュ障」と一刀両断されるおとなや子どもが、ほんとうはどういう状況を生きているかをありありと想像すれば、そのおとなや子どもを否定的な眼で見ることはできなくなるはずです。

発達障害の人は、多くの場合、1章で説明した「擬態」をしながら生きています。どこからどう見ても発達障害者で、その特性を剝きだしにしながら日常生活を送っている、という人はむしろ少数派です。じぶんらしく生きることを人生の過程で否定されつづける障害なのですから、そういうじぶんでなくなろうと、じぶんの心を偽って、泣くような思いでまわりに合わせていくのは、ふつうのことです。

小さな頃からまわりの人々にじぶんの自然なありようを拒絶され、じぶんの個性を殺し

ながらサバイバルしていくのが、発達障害の子どもの人生です。ほんとうにそれで良いのでしょうか。発達障害があろうとなかろうと、子どもがおとなに「成長」していかなくてはなりませんが、その「成長」には多様性が認められるべきではないでしょうか。

自閉スペクトラム症の子どもは「共感」能力に問題があると言われることが多いですけれども、このような過酷な状況を生きのびていくわけですから、実際には「共感」に飢えていることが多いです。先ほど説明した「二重共感問題」があるので、「同情」のような安易な共感は効果的ではないかもしれません。火星人たちが集まってきて、地球人の子どもに同情しながら「きみの気持ちがわかるよ」と声をかけてくれても、地球人の子どもは「あなたたちにはわからないよ！」と反発する可能性が高いでしょう。

そうやって拒絶されないためには、やはりその地球人の子どもの内側から世界を眺めてみるように努めて、ほんものの「共感」を、もしかすると「同感」と言えるかもしれない理解を獲得する必要があるはずです。その同感によって、地球人の子どもの心の飢えは満たされます。

じぶんの子どもとの体験世界の共有が鍵ですが、それに成功するには、

①　発達障害についてのできるかぎり正確な知識を身につけること
②　わが子のありのままを受けいれること
③　定型発達の人向けに作られた一般社会の固定観念に距離をおくこと

などが必須です。子どもを悩ませている問題は、その子の人格や努力不足で起こっているのではありません。親がわが子とじぶん自身と状況の3つを受けいれ、冷静に判断しながら子育てをしていきましょう。そのためにまずはどうするか、というのが次章の内容です。

3章

親がまず
冒険のための
装備と
仲間を整える

いちばんたいせつなのは親のメンタルケア

ここまで、親が子どもの当事者研究の共同研究者になるというアイデアを示してきました。子どもが人生という探検の旅を歩みはじめるにあたって、途中までの付きそいになるとはいえ、親が信頼できる同行者になってくれるならば、なんとありがたいことでしょうか。それは言いかえれば、親が子どもと一緒に研究活動に耽ることだと私は提言します。それはまずは子どものためですが、ひいては健康な家庭を守るため、つまり親のためでもあります。

それでは、親としてはどのようにすれば、信頼と安心感を備えた旅の同行者になれるでしょうか。みなさんとしては、どうですか。どのような人に同行してもらえるならば、良い旅になりそうでしょうか。これはもちろん、長い旅になります。

その同行者は、なによりもじぶん自身のメンタルケアができる人であってほしいのではありませんか。イライラピリピリしていて、いつ怒りだすかわからない、こちら側を攻撃してきたり、否定してきたりする相手とは、旅をしたくないのではありませんか。

子どももそれは同じです。とくに発達障害の子どもは、人一倍不安定な境遇に置かれやすいわけですから、同行者のメンタルケアが不調だったために、旅のリーダーたる子どもが潰れてしまう危険性だって出てきます。だから理想的な同行者としての親は、ズバリ言うと、じぶんでじぶんの当事者研究をやって、じぶんのメンタルケアに余念なく携われる人でなくては、子どもにとって心細いタッグパートナーになってしまいます。

親がじぶんのために取りくむ当事者研究。そのテーマは、「ひとりの時間を作るには」とか、「子どもに腹が立ったときには」とか、「どうやればストレス解消できるか」といったものになりそうです。

とくにじぶんにぴったり合ったストレス解消法を備えておくことは、ほとんど必須と言えます。**困っている人は、たいていの場合、困りごとで困っている以上に、困りごとによってもたらされた心労によって困っています。**苦しみ、疲れはてて、それによって困りごとを効果的に解決できなくなっているのです。

ひとりで本を読んだり、ひとりカラオケを楽しむ、ひとりだけで映画や美術展を楽しむ、ひとりでのんびりと散歩する、ピンと来た資格を取るために勉強する、もちろん友だちと会いたいときには社交も楽しむ、服や化粧品でオシャレを楽しむ、エステやマッサージで体をほぐしてもらう、DIYに打ちこむ、スポーツ観戦に耽る。そのようにして、じぶんでじぶんをケアすることは、子どもにとって万全の信頼がおける共同研究者として、とてもたいせつな基礎メンテナンスです。

とりあえずは、当事者研究をやっている自助グループに参加するのが良いです（私もそういうグループをやっています）、それが見当たらなかったり、よそのグループでうまくできなかったりしたら、じぶんで自助グループを立ち上げれば良いと思います。地元の無料で、または安価に部屋を借りられる公民館でやるのも良いし、オンライン会議アプリを使うのもありです。募集は、イベント告知用のウェブサイトやSNSを利用すると良いでしょう。

場合によっては妻が夫と、夫が妻と、あるいは友人たちや同僚たちと、やってみましょう。思いもしなかったプラス方向への関係性の変化が起きるかもしれません。もし家族で実施できそうな状況なら、お子さんにも入ってもらってください。お父さんやお母さんが当事者研究をやって、子どもがその共同研究者になることができるならば、その子はきっと誇らしく感じると思います。

学校のスタッフとつながる

発達障害の子どもを育てる上で、学校側のスタッフと連携していくことは、喫緊の課題です。残念ながら、どの先生でも発達障害の問題に対して理解があふれるというわけではないと思います。ですから担任だけでなく、学年主任にも、場合によっては教頭や校長にも協力してもらいましょう。いまの学校には、発達障害の子どもなどに対応する特別支援教育コーディネーターや心理職のスクールカウンセラーが配置されるようになりました。この人たちは、どうしても巻きこまなくてはなりません。

教室で席にじっと座っていられなくて、あちらこちらへと体をゆらゆら動かしている、てくてくと教室から出ていってしまうこともある、というような発達障害の子どもの場合、どうするか。ぜひお子さんに話を聞いた上で、学校側のスタッフと状況の改善を考えてみてください。最良のやり方は、もちろん子どもを中心にした当事者研究を、学校のスタッフや両親を含めてやってみることです。当事者研究は、すでに書いたように環境調整の考え方を不可欠の要素として含みこんでいます。ですから環境を変える力のある人たちは、キーパーソンです。そして、もちろんですが、子ども本人が不在の環境調整では、効果があやしくなります。

具体的な解決策としては、クワイエットルームと呼ばれる静穏な環境を提供できる部屋にしばらく入ってもらう、というものがあります。私は子どもの頃、自宅でも学校でもよく大きい段ボール箱のなかに身を潜めたり、ロッカーなどの収納家具や押し入れの内側に入ったりして、心のざわざわが落ちつくようにじぶんで工夫していました。思いだすにつけ、自閉スペクトラム症の子どもは、ネコに似ていると感じます。

教室で座っていられない理由について、子どもと当事者研究をやると、どうすれば解決するか、いろんなパターンが思いうかんできます。授業がつまらなくて動いてしまう場合は、担任の先生から、授業中でも好きなことをやっても良いと、許可を得ることを検討してほしい。その子に合った分野の適性が伸びていきます。単純に運動をしたくてうずうずしている場合は、先生の用事をこなすためにおつかいをしてきてもらう、という解決方法があります。これをやると、先生に対して親近感を抱くようになって、勉強もがんばろうと思うようになるかもしれない。

先生の話がうまく聞きとれなかったり、文字がうまく書けなかったりでそわそわしている場合は、どうでしょうか。タブレットを使用し、黒板の字を撮影したり、デジタルメモで音声入力することを許してもらう、板書内容を先生にプリント教材として用意してもらうことが解決策になります。大学生になったら、支援者やボランティアにノートテイカーとして協力してほしいと依頼してみましょう。

なお一回だけの調整で、すべてが充分に解決すると期待しないほうが良いと思います。子どもが「こうしてほしい」と言うのをちゃんと聞いてあげて、言うとおりに対応したとしても、実際には不具合が発生するものです。発達障害のないおとなの悩みごとだって、そうですよね。**解決するには、試行錯誤が必要になります。**経験の少ない子どもでは、スムーズな解決に至らないのは、よけいに当然なんです。

放課後等デイサービスと自助グループ

発達障害の子どもがあまりに人を怖がる、非常に暴れて手がつけられないなどの場合、放課後等デイサービスの利用を検討してみてください。発達障害の子どもと一緒にスタッフが全力で遊んでくれることで、その子の世界は耕されていくと思います。もっとも、放課後等デイサービスは地域ごとや、サービス提供業者ごとにかなり異なっているようなので、子どもに合っていないようなら、別の方法を探索するほうが良いです。

ぜひともお願いしたいのは、**発達障害の子どもを持つ親は、自助グループにつながってほしい**ということです。自助グループには当事者が集まる当事者会のほかに、家族が集まる家族会もあります。オンラインで開催している集まりも見つかると思いますし、（繰りかえしになりますが）なんならじぶんで立ちあげてみても良いと思います。ふつうに生活していては入ってこない生きた情報に、たくさん接することができるはずです。

発達障害は遺伝することが多いので、じぶんもかつて発達障害の子どもだった人は、親として多くのことを洞察しています。ある人が「うちの子は伝記マンガをたくさん読んでいる。どうしてでしょうか」と尋ねるとします。かつて発達障害の子どもだった人は、かんたんに答えられると思います。「まわりを見ていても参考になる例が少ないから、伝記マンガに登場しがちな「ちょっと不思議な人たち」をロールモデルとして参考にするしかないんですよ」って。

親子で当事者研究をやってみよう！

では具体的にどうやって、親子で当事者研究をやれば良いでしょうか。まず当事者研究の時間が「特別な時間」として設定されていなくては、なかなか成りたたないと思います。ぐだぐだになってしまうからです。

はじめのうちは、当事者研究をやった経験を持つ第三者に協力してもらうのが良いと思います。たとえばオンラインでやっている当事者研究会に参加してみてはどうでしょうか。私自身も無料で開催していますよ。

当事者研究会では、参加者それぞれがじぶんの困りごとを解決すべき課題として問題提起し、その場にいる全員の共同研究テーマとして、考察していきます。困りごとの仕組みを明らかにし、どうやったら生きづらさが減るかを相談しあうのです。その人にぴったり合った仕方で、「じぶんでじぶんを助ける」にはどうすれば良いかを発見していく爽快感。それはじぶんで実際に体験してみないと、わからないものです。「ほんとうにそんなに良いものなの？」と半信半疑の暗い顔つきで初参加してくれた人が、「想像よりもずっと楽しかった！」とすっかり明るくなった顔で帰っていくさまは、主宰者にとっても忘れられない経験になります。

主宰している熟練者たちのやり方（ファシリテーション）をまず親が学ぶことがたいせつです。そのあとで子どもと一緒に参加するのが良いです。子どもたちが「こういう場所があるんだ」とわかって、困りごとを解決できると知ったら、やりたい気持ちが高まると思います。

最初から親子だけでやろうとしても、子どもが乗ってきてくれない可能性は高いと思います。ならば、「すでにある空間」に入ってしまえば良いのです。当事者研究の空間を何度か体験して、「今後は親子だけでもできそうだ」と思ったら、そうするのが良いと思います。

あるいは、ほかの親と協力して、定期的な当事者研究会を作ってみることは、もっと良いと思います。子どもと親にとって負担でないペースで、「1ヶ月に1回」とか「3ヶ月に1回」とかのペースで、当事者研究の時間を運営していくのです。

発達障害の子どもが、ほかの子の困りごとに接して、アイデアを出せるようになると、自尊心はグッとあがります。でもグラウンドルール作りはちゃんとしないといけませんよ。私がやっている会では、こんなルールを最初に提示しています。

（1）自分自身で、共に
（2）傾聴
（3）守秘義務
（4）入退室自由
（5）じぶんにも他人にも優しく
（6）他者を否定しない
（7）説教しない
（8）助言は提案として

（1）は当事者研究が生まれた浦河べてるの家の標語で、じぶんの問題はじぶんで背負ったほうが処理しやすくなるので、そうしましょうということ、ただし「仲間」がいるので、その力は遠慮なく借りましょうということです。

（2）は人の話にはちゃんと耳を傾けましょうということです。ほかの人の困りごとが、じぶんの困りごとにとって、大きな気づきになることは、とても多いです。

（3）当事者研究には、秘密の内容も含まれているので、ここで聞いたことはほかの場所で話してはいけないということです。秘密がバラされると、安心して当事者研究会を開けなくなります。

（4）疲れたら無理せずに出たり入ったりして良いということです。

（5）困っていると、じぶんに厳しかったり、他人に厳しかったりするけど、どちらも良くないことなので、じぶんにも他人にも優しくしましょうということです。

（6）と（7）は文字どおりなので、わかりますね！

最後の（8）ですが、助言を求められる場面は多いはずですが、助言すると、どうしても「上から目線」になりがちなので、控えめに「あくまで私の場合は、こうなんですけども」という提案のスタイルでお願いします、ということです。

なお当事者研究のミーティングでは、ホワイトボードを使うことがふつうですが、私はオンラインではグーグルドキュメントを画面共有してやっています。参加者にとってわかりやすければなんでも良く、たとえば誰かの家に集まって画用紙を使ってやる、などもアリだと思います。

当事者研究、こんなふうになります！

親子がほかの親子と当事者研究をやってみると、こんな感じになります。

ケース1　**避難訓練で先生に叱られた**

子　「きょうね、不審者侵入を想定した避難訓練があった」
親　「うまくいった？」
子　「友だちとはしゃぎすぎて、怒られちゃった」
よその子　「どうしてはしゃぎすぎたの？」
子　「教室の電気を消したから、いつもと違う雰囲気になった」
よその親　「それで興奮しちゃったのね」

子　「先生にはそう言ったんだけど、ほんとはほかの理由もあるんだ」
親　「どういう理由？」
子　「朝、お母さんとけんかして嫌な気分だったから、「行ってらっしゃい」と言われても返事をしなかった」
よその子　「ぼくもそういうことがある」
よその親　「私も子どもの頃、よくそんな感じになってしまったわ」
子　「お母さんに返事をしなかったから、訓練のあいだもずっとモヤモヤしていたんだ」
親　「そうだったんだ」
よその子　「今度からはどうしたらいいと思う？」
子　「避難訓練はちゃんとする」
よその子　「ちゃんとってどういうこと？」
子　「わからない」
親　「気持ちの切りかえができたら、いいかもしれないね」
よその子　「朝はなるべくけんかしないようにしようね」

子　「それはいいけど、気持ちの切りかえ方なんてわからないよ」
よその親　「気持ちの切りかえがうまく行くのは、どういうとき？」
子　「思いだせない。すぐ忘れちゃうから」
親　「じゃあ、これから気持ちの切りかえがうまく行ったときには、記録するようにしよっか」
よその親　「研究はまずデータの蓄積からだもんね」
よその子　「ぼくも応援してるよ」
子　「ありがとう」

ケース2　時間内に課題をこなせない

子　「ぼくはバカだ」
よその子　「バカって言っちゃダメなんだよ」
子　「じぶんに言うのはいいもん」
よその子　「じぶんに言うのもダメだと思う」
子　「ぼくはバカなの！　算数のプリントも作文も、みんなは終わって時間があまってるのに、ぼくはぜんぜん終わらない」

よその親　「それはつらい経験だね」

子　「じぶんだけ終わってないのにチャイムが鳴ると、むしゃくしゃする」

親　「算数はどうして終わらないの？」

子　「筆箱で遊んだりしてたら、気づかないうちに、プリントをやることになっている。みんなが始めていても、ぼくだけしばらく気づかない」

よその子　「ぼくもいつもそうだ。ぼくもバカなの？」

よその親　「ふたりともバカじゃないよ。もしそうなら、私も子どもの頃、バカだったってことになる（笑）」

親　「いつのまにか勉強以外のことに夢中になって、時間が足りなくなってしまうんだね」

子　「どうやったらいいのかな？」

よその親　「どういうときには集中できるんだろう？」

子　「おもしろいことをやるときは、ちゃんと集中してるよ」

よその子　「ぼくもおんなじだ」

親　「算数のプリントが筆箱で遊ぶより楽しくなるといいってことか。どうやったらいいかな」

よその子　「ぼくはプリントをもらったら、まず裏側にさっとイラストを書くよ。そしたら、そのプリントをやる気が湧くから」

子　「そんなテクニックが? ぼくもそうしようかな」

よその親　「それでうまく行かなかったら、また別の解決法を考えるために、当事者研究会を開きましょう」

親　「作文はどう? どうして時間がかかるの?」

よその子　「書くことが思いつかないんでしょ。ぼくはいつもそうだよ」

子　「逆だよ。書きたいことがいっぱい頭のなかに出てくるんだ」

よその子　「すごい! ぼくにはそういうこと、ぜんぜんないよ……」

子　「でも書きはじめると、すぐに忘れるんだ。一行書いたら、止まってしまって、書けなくなる」

よその親　「考えるのと書くことを分けてみると、どう?」

親　「わーっと湧いてきた考えを、まずはさっとキーワードだけでメモしてみたら、いいんじゃない？」

子　「たとえば？」

親　「『夏休みの楽しかったこと』が作文のテーマなら、「海水浴」「朝顔の観察」「花火大会」「スイカ」みたいに、頭にわーっと出てきた単語だけまずすぐに作文用紙の端っこにメモする。そのあと、どういう順番で書いたらおもしろくなるかなって考えてみる。で、「これだ！」とひらめいた順番で書いていく！」

よその親　「文章を書くって順番を整理することだもんね」

子　「そうなんだ。今度の作文でやってみるよ」

当事者研究会は、その気になったら親子ふたりだけでもできます。しかし、ふたりだけの対話というのは、どうしても閉鎖的になりがちです。両親と子ひとりの場合も、子どもがふたりがかりで説教されていると感じてしまうと、親の心からの助言をなかなか受けとめにくくなります。ですから、よその親子にも協力してもらうことで、理想的な当事者研究会になるのです。ぜひそういう会合をときどきは開催できるように、仲間を見つけてはどうでしょうか。オンラインで同志を募って、会議用アプリで開催するのも手です。

4章

敵は
ストレスとトラウマ

他人の眼よりじぶんの心

発達障害の子どもの自尊心（自信や自己肯定感と呼んでも良いですが）は、間断なく傷つけられ、その苦しい状況をくぐり抜けながら、おとなへと成長していくことになります。みんなが自然な感じで動いたり話したりしているから、じぶんでもそんなふうにやってみると、失敗の連続。奇妙な眼で見られ、つまはじき者にされ、なぜじぶんだけがそうなんだろうと苦しみつづけます。

じぶんのうちの子どもを見ていて、その無茶っぷりを思えば、そのような運命は当然の報いだと思うでしょうか。でも、よく考えれば不思議なことです。**生きづらさに悩むおとなむけの知恵として、「他人からどう思われるか」よりも、「じぶんの心に正直になる」ほうが、人生はずっと豊かになるという真理が、広く知られています。**じぶんがすなおにやりたいと思えること、じぶんが心地よく感じることを基準に行動していける人は、人生のだいたいの場面で自信に満たされ、広い海原のような穏やかな心持ちで、生きていくことができます。それに対して、「他者からどう思われるか」「どうやればまわりから認めてもらえるか」を基準に行動している人は、いつも焦燥感に駆られながら生きていくことになります。そういうことを、多くの人はわかっているはずです。わかってはいるけど、そんなにうまくできない、できるようになりたいと思っているのではないでしょうか。それなのに、じぶんの思うままに生きていこうとする無垢な発達障害の子どもに対して、まわりの人々は寄ってたかって、まわりのことを必死に気にしながら生きていく、という不幸への道を教示するのです。

もちろん、みなさんが心配していることはよくわかります。「そうは言っても、社会に適応していかないと、落ちこぼれずに生きていくことなんてできない」と反論したいのでしょう。そのように思うからこそ、じぶんの子どもを「矯正」せざるを得ないと思うのだ、と申し開きをしたいのでしょう。

その考え方はけっしておかしくありません。発達障害の子どもの困難が、多数派中心に作られた定型発達的社会でやっていくことの困難だということがわかっても、どっちみち「生きやすさ」の鍵は「じょうずに共生していく」ということになるからです。発達障害の子どもに、「こうすれば社会のなかで共生していける」という作法を伝授したくなるのは、不思議ではありません。私も、そのような作法は不可欠だと思います。でも、それなら定型発達の人や子どもを中心とした社会の側も、発達障害の人や子どもと「共生」していくための作法を示してくれないと、不公平だとは思うのです。アメリカ社会で多数派の白人と少数派の黒人の共生のことを思っても、あるいは数ではほとんど同数とはいえ、社会基盤に差がある男性と女性の共生のことを思っても、同じことが言えるはずです。

ともあれ**自尊心が削られていくと、不得意なことばかりでなく、得意なことにも自信を喪失してしまいます。**ストレスが過多になって、身動きできなくなってきます。さらにはトラウマ（心的外傷）、つまり心の傷が発生して、それが増えていくと、「学習性無力感」に囚われます。つまり、何かに挑戦する意欲をはじめから奮えなくなってしまうのです。そうしたら暗くて寒い行きどまりの前で、何年も立ちすくむことになってしまいます。

私の仲間は、落ちこんでいる発達障害の子どもがいたら、まずは一緒にトランポリンを跳べば良いと言っていました。突飛なアイデアに聞こえるでしょうか。でもトランポリンを跳ぶと、とっても興奮して、楽しくなかった日常のフィルターがぱらぱら崩れおちて、またわくわくする世界が帰ってきますよ。おそらく発達障害の子どもを持つ親のみなさんも、子どもともども、いろんな場面で自信をなくしてきたと思います。**ぜひお子さんと一緒に、トランポリンを跳んでみてください。**

子どもの好きなものを理解して一緒に盛りあがる

発達障害の子どもは、友だちとの関係で悩むことが多いはずです。地球人の子どもが火星人の子どもたちとどうやって協調していくか、ネコやイヌがどうやってキツネザルの社会で生きていくかという大問題です。

私には現在、友だちがほとんどいません。一時期はかつてのクラスメイトたちの誰とも交流がなくなりましたが、現在では私のことを心配して友人関係を復活させ、交流してくれる人たちが少しだけいます。とてもありがたいことだと思っています。でも彼らとも一年に一回くらい、もしかしたら数年に一回くらい会う程度で、ふだんＳＮＳなどでコミュニケーションを取ることすらほとんどありません。仕事をつうじて交流がある人たちはそれなりにいますが、彼らはやはり「友だち」とは異なる「仕事仲間」です。

家族もいませんから、とても孤独な人生に見えるかもしれません。しかし私は孤独すぎて絶望するという状況には至っていません。それは、私が自助グループを10種類近く運営していて、会合を開くと「自助会仲間」たちが集まってくれるからです。

「自助会仲間」たちは、もちろん「友だち」とは別物です。自助グループで、ほかの参加者が「友だちがいない」という悩み相談をしてくれたことがありました。私が自助グループに来れば仲間がいるよと説明すると、「そういう浅い関係では満足できません」と反発されたのですが、私は説明しました。**自助グループでは、迂闊に友だちにも、それどころか家族にも打ちあけられないような深刻な悩みを共有しています。**それは「浅い」関係でしょうか。ミーティングに参加したときにだけ会う人たち、ふだんは交流しない人たちであっても、あるいは一度の会合でしか会わなかった人であっても、彼らに対して抱く信頼の感情は、なまなかな友情をはるかに凌いでいます。それは「深い」関係ではないでしょうか。私はそのように言いました。

そのようなわけで、私はおとなになったら、必ずしも友だちはいらないという立場です。発達障害の子どもを持つ親のみなさんにも、友だちがいないことで苦しんでいる人はいそうです。みなさんには、私と同じように自助グループに参加したり、あるいは私のように自助グループをじぶんで開設したりして、「自助会仲間」を持つことをお勧めします。

ただし、子どもの頃は事情が異なるという意見に、私は反論しません。子どもの頃はクラスメイトたちとうまくやっていけないと、苦しい場面が多いでしょう。私がどうやってサバイバルしていたかを書きましょう。

私は考えていることが映像で浮かぶので、それを言語化することをとても難しく感じてきました。発達障害があると、そういうタイプの子どもは多いのです。**子どもの頃の私はたくさん読書をして、じぶんの頭に語彙をたっぷり蓄えることで、じぶんの脳裏で再生されていく映像を言葉に変えていく技術を磨きました。**その訓練は、私をずっと支えてくれています。私の本を読んでくれた人は、映像的な印象が強いとよく言ってくれますが、それは私がじぶんの心のうちで上映されている映像を文章に換えながら伝える書き手だからです。

自閉スペクトラム症のおとなや子どもには、精神科医の杉山登志郎さんが「タイムスリップ現象」と呼んだ、過去のことが現在のことのように追体験される現象がよく起きます。昔のことをしつこく覚えていて、それを話題にしてびっくりされたり、めんどくさがられたりするのは、この独特な現象のためです。私には複雑性PTSDもあって、子どもの頃の虐待体験がひっきりなしにフラッシュバックしてくるので、一般的な自閉スペクトラム症の人よりもタイムスリップは頻繁で、私はこれを「地獄行きのタイムマシン」と呼んでいます。じぶんの記憶の仕組みがほかの多くの人と異なることで、コミュニケーションが難しくなる場面を、とても多く経験しました。何が私を救ったのでしょうか。

私を救ったいちばんのものは、読書でした。心が震える本を読んでいると、じぶんの全身をすっぽりくるんでいた苦痛の巨大な水滴が、吸水性の良い紙に吸いとられていくようでした。読書が苦手だったら、思いだしたことをたくさんしゃべって不安をやわらげていたかもしれません。果てしなく不安げにしゃべりつづける発達障害の子ども、いますよね？

自閉スペクトラム症があると、前にも書いたように「他者の気持ちがわからない」と言われてしまいますが、多くの当事者はじぶんの心だって、よくわかっていません。これはさまざまな傷つき体験から**「アレキシサイミア」（失感情状態）**に陥っているからです。そうなってしまうと、じぶんのほんとうの気持ちと出合いなおす地道な作業が必要になります。私の場合は、そうやってさまざまな創作物の虜になりました。物語は、私の心を発見するための言葉も与えてくれたからです。

私は文学研究者なので、「とくに詩や小説が本質的だった」と言えばカッコ良さげですが、実際にはマンガが最高度に重要でした。マンガを読むと、登場人物たちは発達障害者っぽいことが多いですよね。そのような個性を設定することで、「キャラが立って物語が動きやすい」ということもあるでしょうし、作者やその周辺の人に発達障害の特性を濃厚に持った人が多いだろうことも理由だと思います。

私は10代の頃は熱烈なマンガマニアで、日本のマンガの歴史の全体を俯瞰できるようになるまで、古本屋に通っては古いマンガを入手して、いろんな作品を読みつづけました。10代後半には、文学作品の本格的な理解者になって、そののち文学研究の専門家になりましたが、それは私の少年時代のマンガ研究の延長線上に立ちあがった現象です。20代の後半からは、芸術的な映画やマニアックなジャンルの音楽を楽しむようになりましたが、それはマンガや文学で理解できたことを映画や音楽でも理解できるようになりはじめたからです。そうやってさまざまな創作物に触れることで、私は私という人間を知っていったのです。

自閉スペクトラム症にしても、注意欠如多動症にしても、限局性学習症にしても、発達性協調運動症にしても、それらの発達障害があると、体験世界が多くの人とだいぶ異なってきますから、それを「ふつうの人たち」に向かって的確に言語化するのは困難をきわめます。発達障害の人が「コミュ障」に見えるのには、そういう事情も関係しています。

発達障害の子どもが、話しすぎてじぶんでもわけがわからなくなっているのを見かけたら、単純な情報にしてもそれにまつわる気持ちにしても、「どうやってもみんなに伝わらない」という経験を重ねてきて、困惑しているんだなと察してあげてください。

私もそうでした、長々と話しては、「何を言いたいのかわからない」と困惑されました。いつもそうなんです。私たちはそのストレスでパンクしそうなんですよ。だから発達障害の子どもは怒りんぼだと思うかもしれませんが、そんな背景があるのだと知ってほしいです。

いずれにしても、私はたくさんマンガを読んで、それから詩や小説や戯曲もたくさん読みました。言語能力を磨いたことで、要点を押さえながらコンパクトに話すことが可能になりました。松本敏治さんは『自閉症は津軽弁を話さない』という本で、自閉スペクトラム症の子どもが日常的なコミュニケーションよりも創作物によって言語を獲得していくため、方言が不得意な事例が出てくると説明しています。私もこの事例に該当します。「母語」にあたる大阪弁を話せないわけではないものの、外国語をしゃべっている気分になります。

子どもの頃は、じぶんの好きなものやことは、ほかの人も好きだろうと錯覚しがちです。発達障害がなくてもそうでしょうが、発達障害があると、体験世界が異なるから、擦れちがいが大きくなります。そうして友だちや先生とのあいだに混乱が起こって、懸命に好きなものやことについてしゃべっても、つれない態度を取られて、しょんぼりすることが多いのです。友だちや先生が一緒に興奮してくれないんだったら、せめて親くらいは一緒に興奮してあげてほしいものです。

ですから、**発達障害の子どもを持つ親のみなさんは、時間も労力も知識もないと思うかもしれませんが、できるだけ本人が好きなものを理解して、一緒に盛りあがってほしい**と思うのです。当事者研究の共同研究者になるには、子どもの関心事についてひととおりの理解を得ていくことは、大きなメリットとなります。研究チームのリーダーがどういうものをたいせつにしているかを、つまり研究プロジェクトの根本的な価値観を知るということですから。

仲間外れ、いじめ、不登校になった場合

地球人としての発達障害の子どもは、火星人としての定型発達の子どもたちとの人間関係をうまく理解できないことが多いです。たとえば、仲良し同士が遊んでいるのを邪魔し

たりするかもしれません。興味を持った相手と仲良くなりたいと欲望することは、それ自体は生き物にとってごく自然な感情ですが、発達障害の子どもはそれをダイレクトに表明しすぎるように見えるかもしれません。するとその子は、「こうしてほしい」と一方的に要求してばかりに見えてきたりします。

失敗を重ねた結果、発達障害の子どもはしばしば熱心な「火星人研究者」になります。まわりにいる定型発達の子どもや人の言動を詳細に観察し、どのような仕組みで火星人たちが動いているかを分析するようになるのです。私自身もそういう火星人研究者のひとりとして成長しましたし、私の仲間にもそういう人が多いです。ギブ・アンド・テイクの仕組みを考察し、話しかけられたらちゃんと応答する、してほしいことがあったら事前に根回しをする、といった「定型発達しぐさ」(?)がうまくできるようになった人すらいますが、多くの場合には、そこまでには至りません。地球人なのに、火星人らしく「擬態」しながら、火星人たちと円滑に社交していく。それはとにかく困難なことです。

2章で記した「エゴセントリック」(自己中央的)な体験世界のために、発達障害の子どもはしょっちゅう「利己主義的」に見えます。たとえば他人に厳しく、ひどい言葉を投げかけてしまうことがあります。正論をズバズバ述べて、まわりから「そんなことはわかってるけど、みんな気を遣って、あえて言わないんだよ」と煙たがられたりします。でも、このような言動もリフレーミングによって公平に理解していきましょう。もし「アロセントリック」（他者中央的）な定型発達の人たちが少数派の側の世界があったらと仮定すると、彼らの態度がむしろ鬱陶しがられる対象になります。まわりのことを気にしてばっかり、言いたいこともはっきり言わない、などとして、多数派からよってたかって揶揄や非難の対象になるはずです。**少数派は偶然に少数派として生まれたからおかしく見えるだけ、多数派は偶然に多数派として生まれたから正しく見えるだけなのです。**

子どもが友だち関係で悩んでいると気づいたら、できれば、子どもの当事者研究にその子の友だちも「仲間」として、つまり共同研究者として加わることができると、最高だと思います。親や先生の監督のもとに、子ども同士で問題の全体像を俯瞰し、お互いの価値観や欲求の擦りあわせをして、トラブルを解決していけるならば、なんとすばらしいことでしょうか。

でも当事者研究が充分に普及していない現状では、残念ながらそんなにかんたんには行かないことが多いかもしれません。発達障害の子どもは、どうしても仲間外れやいじめの対象になりがちです。私の場合は、原則として嫌いな人たちからはできるだけ離れるという仕方で、人生の困難の多くをやりすごしてきました。このままではじぶんがストレスやトラウマで潰れてしまう、と感じたら、その場所から去ってしまったり、参加していても幽霊のふりをしながらじぶんの心がまわりの人に侵食されないように防御の構えを取りつづけています。ある人間関係や団体から離れようとすると、それを止めようとする人は必ず出てくるものですが、私は耳を傾けないようにしています。**じぶんを守っていくことがいちばん大事ですから。**

親子で当事者研究をやる習慣がついたら、子どもが仲間外れやいじめにあって苦しんでいることにも気がつきやすくなります。私はそのような状況で困っていると親に打ちあけられないことが多くて、苦しんだ時期が何度もありました。安心して相談できる環境が、日常的に整備されていなかったからです。不登校になりたくても、それを選べませんでした。

子どもの苦境に気づいた親は、学校側のスタッフに協力してもらって、問題の解決を図ることになります。前にも書いたように、担任だけでなく、特別支援教育コーディネーターやスクールカウンセラーなど複数のスタッフを巻きこむのが安全です。

5章

社会性のダイバーシティ

社会性をどうするか

発達障害の子どもを見ていると、その子の将来の「社会性」が不安になることは多いのではないでしょうか。こんな感じで、おとなになってうまくやっていけるのかな。つらい人生を送ることにならないかな。そう心配するのは、親として当然だと思います。

引っ込み思案で臆病に思える発達障害の子どもが多くいます。私がそうでした。人前で発言する、といったことがとても苦手で、クラスの課題でチームを組んで発表するときは、いつも不安でドキドキしていました。大学院生になって学会や研究会で発表しだした頃も、大学で教壇に立って教えるようになった頃でも、うまくしゃべれなかったのです。

自閉スペクトラム症や注意欠如多動症ほど大きな困りごとではありませんが、私には軽い吃音もあります。緊張すると吃《ども》ってしまうので、それを恐れていました。滑舌が悪いのに早口なので、聞きかえされることも多く、それも劣等感を深めていました。小学生の頃などに、少人数のグループで発表をしたり、どのように意見交換すれば良いかの訓練ができれば良かったと思います。私がそれらのことをじぶんで納得できるような形でできるようになったのは、自助グループを主宰しはじめてからなので、ほんの最近のことなんです。

まわりに合わせないといけない、それなのにまわりの子のようにはうまくできない、という場面を多く経験するのが発達障害の子どもですから、イベントに参加するのが苦痛だと感じることも多いです。

たとえば運動会は部分参加を、マラソン大会は欠席または別の種目への振り替えを認めてもらえていたら、どれほどありがたかったでしょう。学芸会の演劇やダンスも苦痛でした。裏方として活躍するのに専念させてもらえたら、どれだけ楽しかったでしょう。じぶんの体を使って表現するのではなくて、じぶんの芸術熱を駆使して創作や演出を、衣装や装飾の用意をやりたかったのです。

「みんなが同じようにやらなくてはならない」という教育は有毒だと思います。それは子どもたちを汚染します。**発達障害の子どもを持つ親が、学校に「うちの子は得意な分野だけで活躍させてあげてください」と訴えてくれるなら、子どもはとても心強いです。**

それでもやはり「社会性」が気になると思います。村中直人さんは『ニューロダイバーシティの教科書』で、「半径10メートルの社会適応」という考え方を提唱しています。従来の日本の教育では「どこでもやっていけるように」「誰とでも協力できるように」などの考え方で、「普遍的な人間」になることが推進されてきました。でも現代社会はどんどん小さな社会の集合体に変貌していっています。「好きな芸能人（YouTuber含む）」とか「現在ヒットしている曲」などについて、いまの日本人が語りあうと、誰とでも話が通じあうことなんてありえない、と気づくことになります。就業の形態にしても、フリーランスは人気を集めつづけていますし、多様な働き方を推進する企業や役所の数は増加するばかりです。

ある成人の人生にとって大きな意味を持つ人間関係というのは、人生のそれぞれのステージで、ほんとうに小規模なものです。学校なり職場なりで、じぶんから見て「半径10メートル」が安心できる環境になっていたら、そういう場所を見つけることができるならば、発達障害の子どもやおとなは幸福感に満たされながら生きていくことができるのです。

「どこでもやっていける」「誰とでも協力できる」人材にならないといけないという発想は、もはや時代遅れです。私たちはすでに、「ニューロユニバーサリティ」（脳の普遍性）ではなく、「ニューロダイバーシティ」（脳の多様性）の時代を生きているのです。ですから発達障害の子どもも、そういう安全基地を発見できるなら、それによって生きていくことができます。それぞれの時期に安全基地になる場所が3つくらいあったら、それで人生は満足度の高いものになります。

発達障害の子どもを持つあるお母さんから、「うちの子どもは食べるときにまで図鑑を読んで困る」と相談されたことがあります。私は「学校ではどうなんですか」と尋ねました。「学校ではさすがにルールを守ってる」という答えでした。私は「それでは子どもは学校ではまわりに合わせようと努力しているんですよね。ストレスが溜まっていますから、ぜひ家ではストレス発散をさせてあげてはどうでしょうか」と提案しました。そのお母さんは「それはわかっているのですが。私は昭和の時代に子ども時代を過ごしたので」と応えました。私は「昭和はとっくに終わっていて、今後二度と帰ってくることはありません。**昭和の呪いから解放されましょう。**食事中にも図鑑を読みたがるなんて、将来の宝のような子だと思います。図鑑を読まなくなったら、たいへんですよ。才能の芽が潰れたということです」と応答しました。お母さんは「そうですね。もう一度、考えてみます」と言っていました。

相談の対象になった子は、学校では食事の時間に図鑑を読まないようにしているとのことでしたね。じゃあ学校でもルールを守らず、読んでいるような子だったとしたら、私はどう言ったでしょうか。私は「すばらしい。まるで昔の私と同じです。その子は将来きっと、私と同じように大学の先生になるんじゃないでしょうか」と言ったと思います。

健康生活のための食事と睡眠

どれだけ勉強しても、心身が健康でないと、勉強を楽しく感じにくくなってしまいますし、学習内容の定着も悪くなります。ごく当たり前のことですけれども、食生活はたいせつです。しかし、ここで問題があります。

発達障害の子どもは偏食のことが多いですよね。偏食は自閉スペクトラム症の特性です。五感が定型発達の子どもよりも鋭いので、味の混じりあいや食感の特異性を気持ちわるく感じやすいのです。私の場合も酷くて、昼休みに給食のあとの掃除の時間が始まってても、泣きじゃくりながら嫌いな野菜を（ほぼすべての野菜が嫌いだったのですが）咀嚼していました。その日々があまりにつらくて、私はじぶんに暗示をかけました。じぶんはなんでも食べられる、そういうマシーンなんだと強く念じたのです。そうして、味を感じないようにしながら、なんでもパクパク急いで食べて、飲みこむようにしました。このメソッドで私は一気に「なんでも食べられる人」になりました。そうして友だちにリクエストされるままに「牛乳をたっぷりかけた焼きそば」を食べることになったりもしましたが。

私はこの解決方法によって、たしかに偏食を克服しました。しかし、今度は逆に過食になってしまって、人生の大部分で肥満傾向なんです。ですから、この解決方法はほかの人にお勧めできないと思っています。

親としてまずできそうなことは、調理法や調味法を変えて、子どもが嫌いな食べものの食感や味わいを改めることでしょうか。少しの工夫で食べられるようになる食べものは多いはずです。また、最近では偏食を無理に治そうとすることの弊害もよく指摘されるようになりました。現代の日本ではさまざまな食品から必要な栄養を摂取できるわけですから、どうしても嫌なものを無理に食べさせることは、それほど重要とは言えないはずです。

ただし、偏食がものすごい場合はどうでしょうか。私のように野菜をほとんど食べない子どもは、やはり不健康になってしまいます。私の弟に至っては、少年時代に口にできるものと言えば、ほとんどスナック菓子だけでした。

私が自閉スペクトラム症の子どもに偏食の直し方を助言するとしたら、植物マニアになろうと持ちかけます。私はもともとは昆虫や恐竜など動物のほうに関心が強かったのですが、昆虫も恐竜も植物まみれの世界に住んでいたわけで、それを思うにつれ植物にときめくようになったのです。植物に詳しくなると、野菜に興味が湧いて、野菜を食べると健康になると理解できました。すると、ゆっくり味わって食べても嫌だと思わなくなりました。そのおいしさがわかるようになったのです。

八百屋にお使いに行くのも好きでした。買い物をつうじて商品としての野菜に接することで、食卓で見る野菜に対する新たな風景が開かれていって、野菜はそれまでになく魅力的に見えてきました。ですから**偏食の子どもには、その子が嫌いな食べ物の多面性を伝えてあげると、事態は好転すると思います**。野菜を栽培して、それを食べるのも効果的だと思います。

食事とともに睡眠の重要さは、強調するまでもありません。注意欠如多動症の子どもは多くの場合、睡眠障害を抱えています。順番が逆で、睡眠障害があるからこそ、注意欠如多動症っぽくなっている子どもが一定数いると考える専門家もいます。

サーカディアンリズム（概日リズム）はヒントになるのでしょうか。生物の体は24時間周期で動いていて、体温、心拍、血圧、ホルモン分泌などの様相が一日中ずっと変動しつづけています。どの時間帯にどの活動をすれば能率が良いかが決まっている、と言われています。このサーカディアンリズムを踏まえると、睡眠に関する困りごとは減りそうですが、夏休みなど一日の時間を自由に管理できるならともかく、日常では学校で長く過ごす子どもたちにとってサーカディアンリズムを意識するのは難しそうです。**なにより発達障害の子どもが能力を発揮するには、そのときの気分や意欲に合わせて、自由にやらせることだと思います。**それで日常生活や勉学が破綻してしまう場合には、もちろん当事者研究会の出番となります。

注意欠如多動症の子どもはサーカディアンリズムが標準と異なると言われ、私もそうだったと感じます。サーカディアンリズムの概念を踏まえると、夜遅くに勉強するのは能率が悪く、睡眠にとっても良くないということのようですが、それとは別にレミニセンス現象という概念もあって、時間が経つことで理解が深まる事象です。その現象を参考にすると、学習後にさっさと睡眠をとるのが良いようです。遅くに勉強することで睡眠が誘発されやすい効果もついてきそうです。

とりあえず、おとなにも子どもにも個々の心身に合った睡眠時間があります。朝型が良いか夜型が良いかは、人によって決まっています。私は本来は夜型の人間だと思うのですが、小学生の頃に大人気だった『週刊少年ジャンプ』を発売日の早朝、駅前のキオスクで購入して読みたいために、前日は早くに眠っていました。アニメ番組や特撮番組の曲を流すラジオ番組『青春ラジメニア』を愛聴していたのですが、当時は深夜の0時から2時にかけての放送だったので、そんな時間まで起きていると、やはり親の機嫌が悪くなります。それで録音をセットして眠り、早朝に録音した2時間分を聴いて幸せに浸っていました。

いまの私は20時に就寝して4時に起きるのが基本です。みんなが眠っている時間から好きな読書、音楽鑑賞、執筆活動にいそしめるのは「お得感」があって、ワクワクします。早起きが苦手な子どもには「朝はたっぷり遊んでもいいよ」などと約束すると、夜早くに就寝するようになるのではないでしょうか。もちろん、無理強いして良いことはなにもありません。

叱ると親子関係は不幸になる

また村中直人さんの本の話になりますが、『〈叱る依存〉がとまらない』がかなり評判になりました。世の中では「怒る」ことは悪いことだけれど、適切に「叱る」ことは妥当だと思われてきた。その考え方は誤っている、と論じる内容です。叱るとは、権力を持っている側が持っていない側に対して執行する一方的な行為だということ、叱っている側の脳内ではドーパミンがどぱどぱと分泌されて気持ち良く、依存症的に叱ってしまうようになるけれども、それは相手にネガティブな感情を植えつけて無理やり矯正しようという行動にほかならず、叱られている側には悪い作用しかないと指摘したのです。

私は、まったくそのとおりだと思います。心理的リアクタンスという概念があって、他者から強制されれば、反発をするのは当然のことだとわかっています。**正しい方向に導きたいのならば、説明や説得を粘りづよくやれば良く、上司が部下を叱るにしても、教師が生徒を叱るにしても、そして親が子どもを叱るにしても、権力の濫用です。**部下は上司を、生徒は教師を叱れません。子どもはおとなに成長して、親が老いる年齢になるまでは叱れないでしょう。権力の濫用に気づいた者が、叱ってきた相手に感じる気持ちは軽蔑です。誰しも子どもに軽蔑される親にはなりたくないと思います。その親は老いたあと、子どもから叱られつづけることになるということに気づいたほうが良いです。

発達障害の子どもは、定型発達の子どもよりも叱られる機会がずっと多いです。家の外でよそのおとなに叱られることもあるでしょう。ならば家を安全基地にするために、叱られることがない場所になっても良いのではないでしょうか。**叱られて自尊心が低下すると、得意なことまでうまくできなくなったり、気持ちが落ちこんで楽しいと感じられなくなったりします。**そうやって、子どもの可能性が潰されていくのです。

子ども同士が喧嘩をした場合は、どうすれば良いでしょうか。その場合、つぎのことを考えてみてください。教師に叱られ、じぶんの親が呼びだされて、いちばん怖くて不安な思いをしているのは、大騒ぎになる種を蒔いた子どもだということです。その子どもの側に非があったとしても、ちゃんと謝るように教え、叱らないことが重要です。授業中にうるさく騒いだ場合でも同じです。発言したい場合には手を挙げて指名されるのを待つのがルールだと説得しましょう。

親が必死に叱っても、やがて子どもは親が叱責の依存症患者として叱っている、つまりたんに感情まかせに叱っているだけだと見抜くようになります。そうなったら、親にとっても子どもにとっても不幸な方向に向かうばかりです。

これはもちろん、「しつけ」を放棄するように勧めているのではありません。きっちりとしつけなければいけない場面は、あると思います。たとえば暴れて主張を通そうとする行為は、許してはいけないはずです。思いどおりにならないと、騒いだり泣いたりして、親の許可を取りつけようとする子どもがいます。子どもによっては、親に暴力を振るう場合もあります。理由はかんたんで、火星人が多数の世界で、地球人の子どもとしてストレスを蓄え、パンクしかけているから、怒りが頂点に達して、爆発してしまうのです。

発達障害の子ども支援を仕事にしている仲間たちに、暴れる子どもをどうしたら良いだろうかと相談してみました。暴れてどうしても我を通そうとするときには、その場をサッと離れてしばらく放置するのが良い、という意見がありました。親を殴ってくる子に関しては、親以外に向かわせると良いという意見がありました。その人は放課後等デイサービスに勤めていて、「ほら、ぼくのことを殴っていいよ。でもぼくはやりかえすけどね」と言って、傷にならない程度の強さで子どもと殴りあいをしているそうです。それをつうじて、子どもは暴力のリスクを学べるのだな、と感心しました。

私の場合には、母がたいへん厳しい人な上に、カルト宗教を狂信して私に日常的に体罰を加えていたので、親に反撃しようという心の芽が潰れてしまいました。父は家に帰ってこず、ほとんど存在感がありませんでした。私のはけ口は、ショッピングセンターでの万引きでした。**結局、子どもに蓄積された暴力は、歪んで子どもから出現することになります。**

坂上香監督の映画『プリズン・サークル』は、受刑している加害者が、非常にしばしば元被害者だったことを克明に描いています。どうか子どもが不幸にならないように、子どもに暴力が蓄積されないように奮闘してください。そして繰りかえしになりますが、ひとりで戦おうとするのではなく、学校や自助グループの力を借りて、みんなで戦ってほしいと願います。

勝敗や優劣を二の次にあつかう

正しい教育では、ひとりの子どもをほかの子どもたちと比べません。あなたにはあなたの良さがある、と認めて、その良さを伸ばすのが正しい教育です。しかし学校も塾も、多くの教育関係の専門家も、ふだんの授業態度や試験の結果をもとに子どもたちを比較し、勝敗や優劣で序列化しようとします。**親はそれに相乗りするのではなく、子どもを守るシェルターとして、世間の悪しき風潮に対して馬耳東風でいるべきではないでしょうか。**

子どもが困っていることを知るためにテストの結果や通知表の評点を参考にするのは、悪いことではありません。でも、それを子どもに対する絶対的な評価のように見なすことは、子どもを条件つきでしか評価しないということです。子どもの持って生まれた素質（しかもそれは、あなたたち親から受けついだのです！）や努力の過程を重視しないと、子どもの健全な成長は望めません。ゆたかな素質や尽くした努力の多くは、テストの結果や通知表の評点からは見えてきません。おとなとして働いているならば、「仕事上の実績」や「営業成績」をじぶんの絶対評価と見なすことは愚かなことだと、ちゃんとわかっているはずです。

テストや通知表を重視しすぎてしまうと、悪いテスト結果や通知表の評点が親に知られないように、いつしかそれらを隠したり、誤魔化そうとして苦心するようになるかもしれません。そんなことを始めた子どもが幸せなおとなになれないことは、誰にでもわかるはずです。成績を重視しすぎた親が、可能性に満ちた子どもを不幸なおとなにするのです。

子どもも本人が、テストや通知表でクラスメイトたちに勝ちたい、と強く願っている場合はどうでしょうか。100点満点にこだわったり、通知表がオール5かそれに近くないと嫌だと思ったりするのは、どうなのでしょうか。

その場合、その子にマキシマイザー（満点主義者）よりも、サティスファイサー（これで満足だ主義者）になるほうが幸せだと伝えてみてはどうでしょう。これは子どもだけの真理ではありません。おとなだって、最高の結果を求めつづける人はだんだんと消耗していき、やがて鬱状態に転落します。じぶんなりにやったのだから、これでもう充分だと割りきれる人は、つつましくても満足して生活することが簡単になるでしょう。ぜひその姿勢を親が実践して、子どもにその背中を見せてあげてほしいと思います。

「負けるが勝ち」という格言は、日本人のほとんどが知っていると思います。勝利を他人に譲れる人こそが、ほんものの勝者となります。もちろん、そのような格言を言い訳に用いて、果たすべき努力を怠るようになるのは筋違いです。でも、「勝たないと気が済まない」という発達障害の子どもたちには、この格言が非常に強力な真理だと知ることが成長の糧になります。

6章

個性、文脈、当事者研究

謎だらけの個性を文脈の側から包んでいく

発達障害の子どもの個性って、謎だらけに見えますよね。どうしてそんなところにこだわるのか。どうしてそんなことを嫌がるのか。どうしてそんなことがおもしろいのか。どうしてそんなにつまらなさそうなのか。その心理がなかなかうまく読めない。

謎だらけの個性に見えても、その子にはその子なりの文脈があって、いろんな言動をしたり、さまざまな態度を取ったりしています。発達障害の子どもとひとくちに言っても、個性はみんなバラバラですけれども、それぞれの子の個性をその文脈ごと包むような受容がポイントになってきます。とは言っても、「文脈」、つまりその個性を支えている背景をすべて理解しなくてはならない、というわけでもありません。

仲間たちに話を聞いていると、ある人は子どもの頃からいわゆる活字中毒で、本だけでなくカタログ、チラシ、ポスターなどありとあらゆるものの文面を読みたがったそうです。そして算数もめちゃくちゃ得意だったのに、なぜか「1割引」という表記の意味がわからずに混乱したのを覚えている、と言っていました。その人はどうやら、「1割引」が

「90パーセント」と同じ意味だということに釈然としなかったようです。なぜそうだったのか、本人にもいまでもわからない。なぜそう感じられたのかという「文脈」が謎めいているのです。

私も完全にその文脈の謎が解けるわけではありませんが、おそらく「まったく同じ事象のためになぜ2種類の表現が必要なのか」がよくわからなかったのではないかな、と想像しています。私自身が、そういう問題で悩んだことがたびたびあったのです。白閉スペクトラム症があると、ものごとの重層性が理解しづらいので、良く言えばシンプル思考やミニマリズムになり、悪く言えばペラーンと薄っぺらくしか理解できない事態になってしまいます。「過剰と思えるもの」に「なぜそれは必要なの？」とそわそわしてしまいます。

私も活字中毒の子どもでした（右で紹介した人とは逆に算数はとても不得意でしたが）。私の場合は、「小説」とか「新聞」という言葉を見るたびに混乱しました。小説も新聞も、読むのはとても好きだったのですが、物語の書かれている小説がなぜ「小さい説」なのかと悩んだのです。インターネットがなかった時代なので、図書館で調べて、昔の中国の重要な古典を「大説」と言っていた歴史があって、そういうものとは違うくだらない読み物だから「小説」と呼ばれはじめたという説明に出くわして、「なるほど！」と納得できました。いまでも「小説」ってかわいそうな名称だなと感じます。
「新聞」は読むものなのに「新しく聞く」と書くのはなぜなのか、子どものリサーチ能力ではなかなか答えに辿りつけず、調査を重ねました。結果として、「記者たちが新しく聞いたこと」をまとめたものが「新聞」で、英語でも new（新しい）という言葉から news（新しい情報）や newspaper（新聞）という言葉が派生したと知って、興奮しました。言葉が増えていくプロセスがわかって、「新聞」ってすてきな言葉だなと思うようになりました。

活字中毒なのに、あるいはだからこそ、いろんな言葉につまづいてしまう。そんな私の仲間の話や私自身の話を聞いて、これらの感受性に共感できる定型発達の人は少ないかもしれませんが、私たちにはちゃんとなにかしらの「文脈」があることは、伝わったと思います。**つまり、自閉スペクトラム症の子の「なぞのこだわり」は、ほんとうは「なぞ」ではなくて、「ちゃんとその子なりに事情のあるこだわり」なのです。**

私の仲間のひとりは、大学に入ってから教室の照明がまぶしくて過呼吸を起こすようになったと言います。定型発達の学生にはどうってことのない光度が、自閉スペクトラム症の人として鋭い感覚を持つ彼女にとっては、攻撃的なものとなったのです。ですからその人はサングラスをかけて授業に出る許可を得て、ちゃんと授業に集中できるようになりました。

限局性学習症のある別の仲間は、文字を読むことはそれなりにできても、書くことが難しかったと語ります。軽めの読字障害と重めの書字障害があったということです。その人のお母さんは、粘土で文字を作って、手で触って触覚から覚えられるように協力してくれたそうです。いまでも彼にとって漢字を書くのは難しいですが、その体験がなかったら、もっとひどくなっていたでしょう。

発達障害のあるなしに関係なく、何かをやる上ではじめに図解を見たほうがわかりやすいと感じる**「同時処理」**が得意な子も、順を追って音声のガイドに従うほうがわかりやすいと感じる**「継時処理」**が得意な子もいます。どちらが得意かは、発達障害の子どもの場合には、定形発達の子どもよりくっきり表れる傾向がありそうです。その子に合った説明方法を選ぶ必要があるのです。

私は水が大好きな子どもだったので、休み時間になるたびに水道の蛇口をひねって、頭から水をかぶることで落ちついていました。そのような習慣は小学校時代から大学院時代までずっと続きました。京都大学の大学院生でしたから、日本の学生たちのなかでも頂点に近い学習環境で勉強ができたと言えそうですが、その謎めいて見える習慣はなくなりませんでした。一日中何度も水を浴びることで、勉強と人間関係から受けたストレスを逃がしてきたのです。

発達障害があると、1を聞いて瞬間的に10を理解できる子もいれば、1から10まで説明してはじめてわかる子もいます。かんたんに前者が「賢い子」で、後者が「鈍い子」と決めつけることはできません。1から10まで説明されないとわからないのに、思考力の全体で評価すると、1を聞いて10を悟る子よりも優秀、という事例はたくさんあるのです。それならば、教えるほうもめんどうくさがらずに、1から10まで教えてあげるのがスジというものです。

要は、それぞれの子どもにふさわしい学び方があるのだから、それを実現するための学習環境を整えてあげることです。それぞれの子にそれぞれの個性があるというのは、定型発達の子どもでも一緒で、みんなそれぞれにじぶんに合ったやり方と環境がありますが、世の中のさまざまな場面と同様、子どもが学ぶ場所も定型発達の子を中心に作られていることが多いので、発達障害の子どもには特別な調整が必要になってきます。

なお発達障害は非常に遺伝しやすいので、発達障害の子どもの親にも、ふつうとは異なる強烈な個性が付属していることは、珍しくもなんともありません。そのような親に注意してほしいのは、**「じぶんはこうやって成功した」というノウハウを子どもに押しつけないこと**です。似た親子であっても個性がまったく同じということはないでしょう。当然ながら、親が良いと思った学び方が子どもにとってはぜんぜん適合していないということはよくあります。強い個性によって特殊化された学び方が、子どもに押しつけられてしまうことで、子どもの学習状況がかえって悪化してしまうんです。じぶんの親がまさにそんなタイプだった、と嘆いている仲間はたくさんいます。

なお本書ではここから、それなりの年齢になった発達障害の子どものためのサバイバル術の情報が詰まっています。本書で、それを発達障害の子どもを持つ親のみなさんに伝えておくことになりますが、それは成長後の子どもにとって頼れる存在になってもらえるようにという願いにもとづいてのことです。**私個人の経験や信念に関する話が多くなってい**

ますが、あくまでも当事者研究の叩き台として、つまり「あくまでも参考意見」として利用していただけると、うれしいです。

場合によっては、成長したお子さんに渡して読んでもらっても、参考になる考え方がいろいろとあるのではないかと思います。どうか最後まで、お付きあいいただけましたら幸いです。

私の当事者研究1　ご褒美の理論

私が「当事者研究」という言葉に出会ったのは、発達障害の診断を受けてからなのですが、じぶんの生きづらさを研究して、なんとか打開するという当事者研究の基本的なアイデアには成長過程をつうじて、ずっと親しんできました。ただし、じぶんが発達障害者だと気づかず、診断を受けることも思いつきませんでしたから、仲間と共同研究するという知恵はありませんでした。じぶんを変えるだけでなく、環境を変えるという当事者研究の勘所は、なんとなくですが、取りこんでいました。世間的に発達障害と当事者研究が広く知られるようになったのは、2000年代以降、私の青年時代以降です。

多くの注意欠如多動症の子どもたちと同じく、私にも約束の時間を守るのは難しいことでした。アラームを五重、六重にセットするようにしましたが、それでもダメでした。そこで、待ちあわせの場所には30分、場合によっては1時間以上早く到着して、待っているあいだに読書をしたり、インターネットで情報収集したりして、楽しむことを決めました。これは抜群の効果をあげました。なぜだかおわかりでしょうか。

このやり方で私が成功したのは、ふだんとは異なる新鮮な環境で、じぶんが好む読書や情報収集をやるという快楽を、じぶんに「ご褒美」として与えたからです。思うに、そのような**ご褒美を設定することは、困りごとをなくすための最良のコツ**です。発達障害があってもなくても、子どもであってもおとなであっても、「快楽」によってじぶんを動かすという原理は普遍的な有効性を持つと思うのです。とりわけ、衝動に支配されやすい発達障害の子どもにとってはそうだと言えます。

ちなみに、親が子どもにこの発想を伝授するときに、お金やお菓子やおもちゃやゲームをやって良い時間など、「外的報酬」という「ご褒美」を追加してはいけません。その子が頭のなかで「快楽」を感じるという**「内的報酬」だけに制限するほうが効果的**なのです。具体的には、その子の頭のなかではドーパミンがどぱどぱ出て、とても気持ちよくなっているのです。外的報酬がもらえるとなったら、むしろ内的報酬は減ってしまうことがわかっていて、心理学で「アンダーマイニング効果」と呼ばれています。親がそのつどご褒美をあげていたら、外的報酬がなかったら努力しない子になってしまいます。

なお私は発達障害の診断を受けてから、目的地にずっと早くに到着しておくという習慣を廃止しました。正確に言えば、そのような工夫をしなくても、ほとんど遅刻をすることがなくなったのです。診断を受ける前は、なぜじぶんがほかの人たちのように時間を守れないのか謎でした。謎の存在だからこそ、じぶん自身を警戒して、セーフティネットとしてそんなにも早くに現地に到着するようにしていたのです。でも診断を受けてから発達障害について学び、自助グループでじぶんと似たような人々と出会っていくと、じぶんのことがそれほどの謎でもなくなっていきました。そうすると、私をいつも支配していた自責の念や劣等感も消滅したのです。結果として心が軽くなって、ふだんから失敗をすることがものすごく減りました。**発達障害の人は、その特性によって以上に、抱えこんだストレスや自己否定の感情によって、失敗の量が増えているのです。**

私の当事者研究2 青まみれの理論

発達障害の子どもはいつもストレスにさらされているから、怒りっぽいところがあります。日常生活によって、パンク寸前にまで圧力をかけられているのです。自閉スペクトラム症があると、予測を立てるのが難しくなるため、想定外の展開が起こることで、パニックに陥ることは珍しくありません。注意欠如多動症の子どもも、まわりの子どもたちとリズムやテンポが違うので、ストレスがかかって、ソワソワ貧乏ゆすりをしてばかりになったりします。私もよく癇癪を起こす子どもでした。

癇癪を起こすと疲れます。発達障害の子どもも、当然ながら癇癪を起こしたくて起こしているのではありません。安心して幸せになりたいです。私はじぶんを安心させるために、いろんな工夫を心がけてきました。**じぶんの不安感を除去することは、私がじぶんのための当事者研究でやってきた最重要課題と言っても良いです。**

たとえば、私はじぶんの身の回りのものは、なるべく青い色のものにしています。誰にでも色の好みはありますが、自閉スペクトラム症があると「こだわり」が強いために、「絶対にこれ!」という色彩感覚を持っている子が多いのです。私は第一に青色が、それよりはずっと劣りますが、第二に緑色が好きで、逆に黄色が嫌いでした。京都大学の研究によると、この色彩感覚は、自閉スペクトラム症の人によく見られる傾向のようです。

私は勉強意欲が湧くように、とくに机の上には青い文房具を多く置いて、参考書や問題集には青や水色の画用紙で作ったジャケットをまとわせていました。こうして、私の生活空間は青まみれになりました。スヌーピーで有名なマンガ『ピーナッツ』には、ライナスという男の子が登場して、いつも毛布を手にしています。この「ライナスの毛布」は、心理学の世界では「安心毛布」（セキュリティ・ブランケット）と呼ばれています。私にとっては、それが青色のアイテムなのです。

私の当事者研究3　四次元ポケットの理論

私は『ドラえもん』が大好きです。じぶんが生まれた年に現行のアニメ版が始まったので、子どもの頃は身近にグッズがたくさんありました。何よりドラえもんも青色ですからね。

ドラえもんと言うと、夢と希望が詰まった「四次元ポケット」。「ドラえもんの道具でほしいものをひとつ選べるなら何にする?」と、小学生の頃に友だちとの会話でよく話題になりました。その場合、「四次元ポケットはなし!」と注文したりしました。四次元ポケットは反則なんです。それがほしいと言ったら、無数の道具をすべて入手できることになってしまう。

私は忘れ物がとても多い子どもでした。おとなになっても忘れ物癖は治らず、仕事をする上で苦しい場面を何度も経験しました。そこで私は、「じぶんのカバンを四次元ポケットにしよう」と思いつきました。まずカバンはこよなく愛せるように、青系統のもので選びます。青系統でも私はとくに群青色と水色が好きですが、男性のカバンとしては少女趣味的で目立ってしまうから、青緑にしました。

そして日常的に使う可能性のある文房具、書類、カード類、印鑑などを、その日に必要がないとしても、毎日わざわざ持ち歩くことに決めました。自然に荷物は重たくなり、カバンのなかはごちゃごちゃしやすいですが、忘れ物は劇的に改善しました。**簡単に言えば、「持ち運び用グッズの一元管理」に成功したのです。**

スマートフォン、タブレット、パソコンなどもふだんから駆使しています。クラウドが普及して、デバイスを紛失しても買いなおして、じぶんのアカウントに入りなおせば、データがすべて復旧します。このおかげで、仕事はすっかり楽になりました。私の場合はグーグルドライブとアップルのiCloudを利用しています。iPhoneでも、iPadでも、MacBook Airでも、記録した情報がすべて仮想空間にあるiCloudに残ります。

文書の作成は、原則としてグーグルドキュメントでやっています。アイコンが青いからなのと、グーグルドライブに勝手に保存されていくのを気に入っているからです。まとまった文章を書きおえたら、ワードの文書としてダウンロードする機能を使って、書式やフォントを整えた上で、最初から読みなおして、誤字や脱字や衍《えん》字を潰していきます。ワードが長年、もっとも標準的なワープロソフトとしての国際的地位を維持してきてくれたことを、ほんとうにありがたく思っています。ワードのアイコンが青色だからです。

一元管理が基本だと認識しつつ、私がiCloudだけでなく、グーグルドライブを使っているのは、そんな理由からです。アップルにもページズというワープロソフトがありますが、私は使いたくありません。アイコンが黄色系統だからです。いま調べてみると、最近ではアプリのアイコンの色を変更できる機能などもデバイスに搭載されていることがあるようですね。これは私のような色にこだわりの強い人には、とてもありがたいことだと考えます。

いずれにしても、いまの時代にはデバイスを活用するのが重要です。発達障害があると、授業でノートをうまく取ることができない子も多いのです。私も授業でうまく聞きとれない音声が多く、しかも手先が不器用で字がヘタだったから、ノートテイキングに苦労しました。こだわりが強いので、「かっこいいノートにしたい」という思いにあふれていたのに、実際にはそうできないことに、ストレスを感じていました。私が子どもの頃に、いま使っているようなデバイスがすでに開発されていて、授業で使うことができたならば、ずいぶんと私は効果的に学べたなと思います。

私の当事者研究4 マンガとネット情報から入っていく術

4章に書いたように、私にとってマンガというジャンルは特別な意味を持っていました。もちろんどんなジャンルのマンガでも大好きというわけではありません。そんな人はどこにもいないでしょうし、私はこだわりが強いので、なおさらそうです。それでも子どもの頃の私は、勉強内容に行きづまると、知識の上で関連がありそうなマンガを図書館で探して、見つけたものを必死に読んでいました。そこから道が開けることを期待していたのです。

正直に言うと、そうやってうまく行ったことも、そうでなかったことも両方あります。歴史に興味が湧いたけど、あるクラスメイトに知識が劣っていることに焦った私は、大量に歴史マンガを読みました。そうやって初歩的な知識や視覚的なイメージや全体の見取り図を得てから、マンガではない歴史の本をどしどし読んでいきました。これは、大いに成功しました。

しかし苦手な算数や数学に興味を持つために、算数を手ほどきするマンガをめくったり、数学に関係のある分野で活躍した偉人たちのマンガを読んだりしても、算数や数学の点数はまるであがりませんでした。算数や数学がわからないという悩みは、最後まで解決しませんでした。

いまの子どもたちには、YouTube動画などが人気ですね。子どもが好むならば、ぜひそれを勉強の入り口にしてみましょう。私自身は、自閉スペクトラム症によくある特性で、耳から情報を受け取るのが苦手なのと、同じく自閉スペクトラム症の特性にあたるこだわりの特性から、YouTube動画の芸術的感性の少なさにそわそわするのと、注意欠如多動症から動画にじっと集中するのが苦手なのとで、YouTube動画から学ぶことはほとんどないのですが、情報価値の優れたものがたくさんあることは知っています。

私がいまの時代に子どもだったら、むしろウィキペディアに夢中になっていたと思います。ウィキペディアが日本に上陸した頃、私は大学院生で、新たな項目をいくつも立てて、記事を書くのにハマっていました。マニアックな項目を多く書いていたので、いまでも一部の項目は私が書いた文章がほとんどそのままになっています。

いまではウィキペディアに執筆することはまったくありませんが、読書に疲れたら、音楽を聴きながらウィキペディアの記事を読むのが大好きです。かつては粗悪な記事だらけで、よそから盗用された文章も氾濫していて、大学教員の同僚たちは学生がウィキペディアの記事をレポートに転用すると憤り、憎しみの対象にしている人も多かったのですが、いまではずいぶんと洗練された記事が増えていて、必ずしもバカにできたものではありません。

勉強が苦手、嫌いだと言う子には、ぜひウィキペディアの記事を読むように勧めてはどうでしょうか。はじめはその子が好きなテレビ番組やゲームなどの記事で良いと思います。さまざまな単語にリンクが貼られていて、クリックすると、別の項目にジャンプできます。それを繰りかえしてあちこちサーフィンしていると、みるみるうちに知識が増えます。**ウィキペディアに書いてある情報だけで満足している様子を感じたら、「参考文献に使われている本を読んだら、ずっと詳しくなるよ」と教えてあげてください。**

私の当事者研究5 スケジュール表作成術

自閉スペクトラム症の子どもが作りだす体験世界は不安定です。じぶんがぐにゃぐにゃした世界に生きていると感じている子どもは多いです。それだけに心の安定を求めていて、予定の急な変更なんかは、自閉スペクトラム症の子どもにとって、パニックを引きおこす原因になります。注意欠如多動症の子どももそうです。なんだか意欲が湧いてこないことが多かったり、頭のなかでわーっといろんなアイデアが荒れくるいつづけたりするので、**じぶんの体験世界と周囲の人々の「ふつうさ」のギャップに翻弄されて、グニャングニャンの世界観を生きることになります。**ぐにゃぐにゃだから、しっかりしたものに縋りつきたいというのは、当然のことですよね。ですから親としては、なるべくスケジュールの急な変更を避けてあげたほうが良いと思います。

そんな事情からか、私はスケジュール表を作成するのがとても好きでした。ぐにゃぐにゃした体験世界に生きていて、将来への見通しが悪いので、小学生のときすでに、ふだんからも、長期休暇中にも、じぶん用のスケジュール表を作って、じぶんを安心させることに時間を費やしていました。

スケジュール表では、60分でやる勉強には、余裕を見て90分の時間を設定しました。週末には時間がたくさんあるため、平日に遅れたぶんは、週末に取りかえすように設計しました。基本的にはそうやって「ゆったり組む」のがコツです。

こう考えると、スケジュール表には「青まみれ」作戦に似た「安心毛布」の効果もあったと言えそうです。一般的な「安心毛布」と異なるのは、スケジュール表は、しきりにアップデートしなければならないという点です。きょうが終わってあしたになると、きょうに関する記載はひとまず不要になります。進捗状況が良かったり悪かったりすると、今後の予定を組みなおして、もっと勉強したり、逆に勉強を休むことにして、遊んで良い時間を設けたりしました。

私はいまでも、iPhoneでグーグルドキュメントを操作しながら、毎日スケジュール表をいじりつづけています。重要行事は太字で強調した上に、青い文字に変更しておきます。過去のスケジュールは記録のために、過去の年度ごとにまとめています。これで10年前の何月に何をしていたか、ということがパッとわかります。単語や文章の検索もできるし、なにかと便利です。なぜグーグルカレンダーなどのカレンダー系アプリを使わないかと言うと、フォーマットが決まっていて、それにまず自由度の低さを感じてしまって、使う気にならないのです。

事情のわからない人が見たら、ひっきりなしにスマートフォンでスケジュールをいじりつづけていて、無駄なことをしているなと思うかもしれませんが、私にはじぶんの調子をメンテナンスしていくためのたいせつな儀式です。イチローが打席に立つたびに、左手で右手のユニフォームの袖を引っぱって、バットをぐるんぐるんと車輪のようにゆっくり回していたのと、本質的に同じことです。

なお**発達障害の特性は、単発ではなくさまざまな組みあわせで当事者に影響してきますから、子どもごとに妥当なライフハックは変わってきます。**たとえば私の場合は、注意欠如多動症を併発しているので、衝動的に行動することで日常が冒険だらけになるという面もあります。自閉スペクトラム症があって臆病なのに、注意欠如多動症ゆえに蛮勇でもある子ども。われながら厄介だったなと思います（笑）。

私のような子どもには、一ヶ月とか一週間とか中長期的なスパンではスケジュールががっしり決まっているのが良いのですが、一日単位では、スケジュールが決まりすぎているると退屈してしまう、という問題がありました。予想外の出来事があると、興奮して飛びついてしまい、うまく予定をこなせなくなりました。ですから試行錯誤を繰りかえして、一日単位でのスケジュールはゆるゆるにしつつ、中長期的なスケジュールではしっかりバランスを取っていくようにじぶんのスタイルを構築しました。

親が一緒になって綿密な当事者研究をすれば、その子にとってぴったりのスケジュール管理法も見つかりやすいと思います。

私の当事者研究6 おれのマイルールは無限進化する！ の理論

そんなふうにして、スケジュールの絶え間ないアップデートを好んできたので、私は「おれのマイルールは無限進化する！」と思うようになりました。自閉スペクトラム症の子どもには特異なマイルールがつきものですが、それは何度も改定されるものでもあります。私はじぶんのマイルールは無限に進化していくものだという世界観を抱くようになったのです。この「ヴァージョンアップ」のイメージが好きすぎて、私はドイツ文学の研究者として、何度も「版異同」の研究をしました。ある作品や文書が改定されていく過程の研究です。

私はいかにも注意欠如多動症の子どもらしく、話しだすと、延々としゃべりつづけて、鬱陶しがられることを多く経験しました。文章を綴っても、ダラダラと書いてしまって、何を言いたいのかわからないとよく言われました。

転機は20代になって、ミニマリズムという概念を知ったことです。にわかに極度にシンプルな芸術や商品に憧れるようになりました。それで、**じぶんのあり方もミニマルでシンプルにしようと強く思うようになったのです。**その思いから、じぶんのしゃべり方や書き方の改造を進めて、過剰に話したり書いたりする悪癖から抜けだしました。私が子どもの頃に、ミニマリズムの魅力を誰かから教えてもらっていたら、もっと早くに解決していた問題が多いはず、と感じます。

とはいえ、いまでも寂しいとき、孤独に苦しんでいるときは、しゃべりすぎてしまいます。でも、これは発達障害の人にかぎらないかもしれませんね。私はある時点で、「この人、話しやすい」と感じるときは、じぶんが話しすぎていることがほとんどだと気づきました。話しやすい人がいたら、じぶんが話すのは控えめにして、なるべく相手にしゃべってもらうのが正解だと思います。

長いあいだ、身近な人に嫌だと感じる部分を発見したら、それを指摘することをしていました。あるときに、仲が良くてもその人の嫌な部分が見えてきたら、それはその人に近づきすぎているからなのだと気づきました。指摘するのではなくて、嫌だと思ったら少し離れてみて、適切な距離を置きながら関係を継続するのが正解なのだと思います。

私は長年、いかにも発達障害者らしく「ひとこと多い」人でした。じぶんはそういう人間だからと、ありのままで生きてるだけなのだと考え、敵を作るのを恐れませんでした。発達障害の診断を受けてから、私はその「ひとこと多い」性質が、私のかけがえのない個性ではなく、むしろ精神疾患と呼ばれているものに属すると判断し、手放すことを決めました。求められてもいないのに、よけいなひとことを言ってしまうなんて、こんなにバーゲンセール的に怒りと憎しみを集める方策はありません。たとえ求められたとしても、「よけいなひとこと」は言うべきではありません。

さすがに思春期以降はやらなくなりましたが、小学生の頃は友だちの文房具を勝手に使おうとすることもよくありました。あるとき、「ちゃんと貸してって言って」と指摘されて、「貸してもらえる?」と言えるようになりました。「無理、あきらめて」と邪険な態度を取られたときには、「断られたら諦める」と学びました。

これらの事例について、読者のみなさんは子どものうちの「ありきたりの成長」だなと思うかもしれませんが、私はじぶんのマイルールが無限進化していくのだと思ったんです。**マイルールを固定的なものとして墨守するのではなく、ゼリーのように可塑的なものと考えて、グニャグニャと変形させていくこと。より優れたマイルールへと、飛躍的に発展させていくこと。それを私はいつでも追求してきました。**なぜなら、じぶんのマイルールを消しさることはできないと、発達障害の診断を受けるずっと前から、ちゃんと気づいていたからです。邪魔なのに消せないんだったら、使い勝手の良いものに変形させれば良いわけです。

私は自然に、世の中で通用しているルールにも興味が湧くようになりました。発達障害の子どもが授業中に歩きまわってしまうならば、学校側と調整するのが有効ですが、私が就学していた時代に、そんな合理的配慮はありませんでした。私はじぶんに言いきかせました。「じぶんが立って歩いたら、ほかの子も真似るかもしれないし、先生は怒って、授業がめちゃくちゃになるかもしれない。そうしたら、ますます授業がつまらなくなる」

自閉スペクトラム症の子どもは、シンプル思考を好むことから、「正義」の観念に惹かれやすいです。それ自体は良いことですが、どうしてもまわりから煙たがられることも多いのです。いまの私は、過去の私にこのように伝えたいです。「正しいあり方はひとつじゃない。正しさにも多様性がある。正義がひとつだと思うのは独善で、独善とは悪のひとつの形態なんだ。誰でもまちがいを犯しながら生きていて、私もきみもたくさんまちがえながら生きていく。ルールを守るのが基本だとしても、守れない人に優しく、そしてできるかぎり許していくことが、正義なんだ」

過去の私はわかってくれるでしょうか。わかってくれると、信じたいです。

出力弱でかけるピグマリオン効果

周囲からの期待が低いと、パフォーマンスが下がる傾向にあることが知られていて、これは「ゴーレム効果」と呼ばれています。ゴーレムとはユダヤ教の伝承に登場する、主人の命令でしか動けない泥人形型の怪物のことです。逆に周囲からの期待が高いことで、パフォーマンスがあがる効果も知られていて、これは「ピグマリオン効果」と言います。ピグマリオンとはギリシア神話に登場する王様で、理想の女性として作った彫刻を女神によって本物の人間にしてもらった人のことです。人を生かすも殺すも周囲の期待次第ということですね。

自尊心を削られる機会の多い発達障害の子どもを、ぜひ親くらいはピグマリオン効果で励ましてほしいと思います。しかし過剰な期待は禁物です。「この子はほんとうは優秀なんだ」とか「天才の卵なんだ」と信じたがる発達障害の子どもの親は多いのですが、じぶんがやられる側だと考えてみたらかんたんに想像がつくはずですが、出力強のピグマリオン効果は、子ども自身にはけっこうな圧力になってしまいます。むしろ才能を潰してしまうことになりかねません。**「ピグマリオン効果は出力弱でかける」、という心構えで行きましょう。**

7
章

ゲーム式
勉強攻略法

NO GAME, NO LIFE

私が小さい頃にファミリーコンピュータ、いわゆるファミコンが発売されました。ゲームセンターに行かなくても、子どもの頃から毎日のように自宅で好きなときにコンピューターゲーム（以下、たんにゲームと略します）を楽しめるようになった最初の世代ということになります。おとなになると「就職氷河期世代」とか「ロスジェネ」と呼ばれましたが、小学生の頃は「ゲーム世代」と呼ばれていました。

ですから、ゲームの楽しさはいまの子どもたちと同じくらいによく理解しています。いまほど携帯用の電子機器が発展していなかったから、ゲーム機が家庭にあってもプレイする時間は限定的で、いつも「ゲームをやりたい」という飢餓感がありましたから、ゲームの楽しさをいまの子どもたちよりも知っているかもしれません。

さまざまなゲームをやりましたが、手先が不器用なので、アクション性の高いものはどれだけやっても上達しませんでした。車を操作すればコースアウトし、主人公がダッシュしてジャンプすれば、穴に落ちていき、ゲームオーバーとなります。次第に、ファンタジー物語の世界観を反映したロールプレイングゲーム（とくに『ドラゴンクエスト』シリーズ）や戦乱の時代を舞台にしたシミュレーションゲーム（『信長の野望』シリーズ、『三國志』シリーズ）などを好んでやるようになりました。ときには指先を器用に動かさなくてはならないゲームに挑戦したくなったのですが（『テトリス』など）、どうやっても上達しませんでした。ロールプレイングゲームではアイテムや呪文やモンスターを収集し、シミュレーションゲームでは武将や軍師などの人材を収集するのに興奮しました。自閉スペクトラム症の収集癖が刺激されたのです。

国際的に展開するＣＤショップチェーンのタワーレコードは〈NO MUSIC, NO LIFE〉（音楽こそ人生）というキャッチコピーで有名ですが、それをもじって言えば、私の座右の銘は**〈NO GAME, NO LIFE〉（ゲームこそ人生）**と言っても良さそうです。ただし、おとなになってからもずっとゲームそのものに夢中というわけではありません。むしろ現在の私は、ほとんどまったくゲームをやっていないことは強調しておきたいです。それでも、**私はいちばんの趣味と言える勉強、研究、執筆などをゲームのつもりでやっているのです。**

勉強、研究、執筆は収集ゲーム

先にも書いた自閉スペクトラム症の収集癖のために、私は好きになったものを過剰なほど集めたがります。理科が好きだったので、昆虫や植物や鉱物や化石を集めて、並べて遊んだり、図鑑をめくったりして詳しい情報を覚えました。知識を収集するのも、コレクション活動の一環でした。そして集めるという行為は、狩猟や射的に似た興奮を味わえるゲーム性を感じさせました。狙ったものを慎重に獲得していくのが目的です。

理科のあと社会科も好きになったため、学校の図書室に行って、歴史マンガや子ども向けの入門書をたくさん読み、読んだ本の作者名と書名を記録ノートに残していきました。夏休みには博物館を訪れたり、歴史的な建造物を観に行ったりして、考えたことを自由研究ノートに書きすすめ、担任の先生にミニブックとして提出しました。記録もまた収集行為の一環なのです。

日本語の語彙や難読漢字に興味があったので、国語辞典や漢和辞典を全ページめくって、暗記しようとしました。古生物や宇宙に関する図鑑をめくって、恐竜、天体、星座の名前をできるだけ多く暗記しようとしました。

私はこのような収集活動に時間を割きながら、小学生から現在まで生活しつづけています。おとなになったあとは、英語にあわせてドイツ語、フランス語、スペイン語、イタリア語、アイスランド語、ロシア語、中国語などを学んでいきました。日本と海外の文学や芸術、哲学や歴史、社会学、心理学、精神医学、福祉などに関する本をたくさん読みました。それらはすべてゲームとしてやってきたことです。

たくさん本を読んで知識を集め、記録ノートを増やし、研究活動をおこない、執筆する。執筆もまたゲームです。じぶんにしか書けないような論文や書籍を書いて、出版していく。キーボードで文字をタイピングし、文章を作っていくのは、ダンジョンの奥底で待ちかまえているボスを倒し、試練を乗りこえたり、ゲーム内の世界で自軍を戦略的に展開して勝利を引きよせたりするのと同じ行為です。それは、じぶんの業績表に書ける内容を増やすための収集活動なのです。

ですから、**発達障害の子どもが何かを夢中になって集めていたら、それが反社会的なものでない限り、応援してあげてください。**私にとっては18禁の商品のうち、趣味に合ったものを集めることすらも、人生をかけた一大収集事業のたいせつな一環でした。それは私を構成するかけがえのない一部でした。

文学作品は人生というゲームの必勝攻略本だった

私は日記や読書感想文の宿題が、大好きで大嫌いでした。大好きだったのは、じぶんの考えている内容を形にすることに快感を覚えたからです。大嫌いだったのは、うまく書けたと感じたことが一度もなかったからです。

集めた知識を記録したノートの水準をあげたかったので、読書をたくさんすることによって、文章がうまくなることに期待しました。次第に物語を読むことが増えて、楽しいと感じました。なぜなら、**ふだん生活していると「人の気持ちを考えなさい」とよく言われたのですが、私には人の気持ちがまったく理解不能だったからです。**地球人だから、火星人たちのことはよくわからなかったのです。けれど物語を読むと、人の気持ちについて、つまり火星人たちの謎の心理メカニズムについて詳しい説明がびっしりと書かれてあったので、それは私が生きのびていく上で、この上なく貴重な情報になりました。

ふだん生活していると、**「何を考えているのかわからない」ともよく言われました。**「変わってる」「気持ち悪い」とよく言われました。物語を読むと、私よりもずっと奇妙奇天烈な人々がたくさん活躍していましたから、私をそれらの登場人物がいつも慰めてくれました。

私はやがて文学研究者になろうと思うまでになりました。多くの文学作品は、私にとって理解しやすいものではなく、むしろ難解でした。地球人の私が、火星人によって火星人のために書かれた火星人に関する本を読んでいたわけですから。ですが、それゆえに私はじぶんのまわりにいる火星世界の謎を文学作品をつうじて解くことができると思ったのです。**発達障害者の人生という「無理ゲー」をクリアするための必勝攻略本が、文学作品だったのです。**

日本の文学作品だけでなく、海外のさまざまな場所で書かれた文学作品を、翻訳でも原語でもたくさん読むようになりました。「日本人」を超えて「人類」の普遍的な「心」を知りたかったのです。ですから発達障害の診断を受ける前から、私はいかにも発達障害者らしく定型発達の人とうまく交流できず、コミュニケーションを取るとよくゴタゴタしてしまうのに、不思議なほど「人間通」になっていて、「どうしてそんなにも繊細に人間心理を洞察できるのか」と驚かれることが何度もありました。文学作品をつうじて、人間の心に対するこまやかな観察方法を学んだのです。

このようなわけで、私にとって文学作品を理解することは、人生のゲームをクリアするための攻略本を読むことでした。

ゲーム依存症をめぐって

発達障害の子どもが宿題をやりたくなくて、ゲームばかりやるとします。親としてあなたはどうしますか。なんとか止めたくなるかもしれませんね。

精神医療の世界では「ゲーム依存症」（ゲーム障害）が話題になっています。文部科学省が、「ゲーム・ネット・スマホが発達障害的な児童を増やす」と発表しましたが、これには科学的な根拠がないとして、日本行動嗜癖学会が声明文を出しました。とりあえず、ゲームやインターネットへの耽溺が、子どもの発達障害に関する特性を強めるという考え方は科学的に否定されています。

依存症というものをどう捉えるかが問題になりますが、専門家のあいだでは**「やめたいのにやめられない」のが依存症**だと考えるのが妥当とされています。やりたいからやっているのは、趣味に没頭しているだけで、精神疾患としての依存症ではありません。ですから長時間ゲームに耽る習慣があったとしても、子どもの気持ちを確認しないと依存症かどうかは判断がつかないのです。

趣味に没頭しているだけとしても、それもやはり依存だと感じてしまうでしょうか。それはそのとおりです。しかしあなたはどうですか。何にも依存していませんか。コーヒーや紅茶やソフトドリンク、健康食品、おもしろおかしいテレビ番組、好きな曲をリピート再生すること、ネット通販、スポーツジム、地域社会でやりがいを感じながらボランティアに励むこと、職場でのチームワーク、パートナーとの信頼関係、子どもの世話を焼くことなどに依存していませんんか。何かしらに依存し、じぶんの支えを見出しているのではないでしょうか。ですから「精神疾患としての依存症」にならないのなら、依存するのは人間としてふつうのことです。

精神的に健康でいようと思ったら、依存先を多様化させることです。心の病気になってしまった人は、たいていの場合、なんらかの対象に限定的に依存することで、ジリ貧状態になって苦しんでいます。そして子どもが依存先をうまく分散できずに、ゲームに依存しすぎているように見えるのならば、それには必ず理由があります。クラスメイトにいじめられた、親や教師に叱られたといった理由が背景にあり、疲れた心を慰めるために、嫌だったことの記憶から逃れるために、じぶんを安心させてくれ、ワクワクさせてくれるゲームに逃避してしまうのです。

依存症治療の分野では、人はなぜ依存症になってしまうのかという問題について、「快楽が大きいから」ではなくて、「苦しみから逃れようとした結果だ」という考え方が支持を広げていて、**「自己治療仮説」**と呼ばれています。**ゲームに耽るのは、その子がだらしないからではなく、困難な状況でもがいているというサインなのです。**

親が子どもの好きなゲームに付きあう

子どもが夢中になっているゲームの魅力を、まずは親が理解してみてはどうでしょうか。ゲームをやると興奮します。これはゲームを含めて、さまざまな娯楽が脳内の「即時報酬」を満たすように設計されているからです。つぎからつぎへと興奮するように仕掛けられています。

親がそのゲームの内容を理解して、そのゲームに関連するような本を買うことを子どもに提案してみてはどうでしょうか。たとえばヨーロッパ中世や空想上の怪物をモティーフにしたゲームなら、その世界観を理解できるような子ども向けの本を読んでみないかと持ちかけるのです。もちろん選ぶのは、子ども自身でないといけません。発達障害の子どもはじぶんの確固たる趣味を持っていることが多いので、親が勝手に選んでも、読んでくれない可能性が高いのです。

親がゲームの魅力を理解することで得られるメリットは、内容の把握だけにとどまりません。じぶんの好きなものをちゃんと理解してくれた、と子どもからの信頼を得ることができます。理解者に恵まれずに孤立しがちな子どもが、救いを求めてゲームをやっているのです。**子どもに救いの手を差しのべてくれたゲームを、親が理解しないでどうするのでしょうか。**

もちろん、ゲームは商品ですから、作り手に過剰に感謝したりする必要はないでしょうし、その商業戦略に乗せられすぎる必要もありません。でも子どもが夢中になっているのに、親が理解してくれないのは、子どもにとって寂しいことです。あなた自身も、子どものときにそうだったのではありませんか。

依存症状態になっているならともかく、私は子どもにはゲームを思う存分やらせてあげると良いと思います。気が済むまでやったら、子どもはそのうち飽きて卒業し、つぎに夢中になれるものに移行します。それまでに夢中だったものよりも、いっそう高度なものにハマることが多いですし、レベルがさがったように見えても、子どもなりの事情があってそれに夢中になっています。

もちろん、なかには果てしなくゲームを続ける子もいると思います。「世界ランク1位を狙う！」とか、そんな途方もない目標を持つ子もいるとは思います。しかし、それはそれで、その子にとってひとつの道が開けているから、良いことではないでしょうか。将来はゲームに関する仕事をして、うまくやっていくかもしれません。ゲームに飽きたあとも、ゲームから学んだ発想で人生の課題をこなしていくと思います。私がいままでずっと、そうだったように。

アナログなゲームの魅力

私はデジタルなゲームだけではなく、もっとずっと素朴なアナログのゲームも大好きでした。想像力と創造精神をはぐくむために、単純なおもちゃが良いことは、多くの教育学者や心理学者が指摘していることですよね。デジタルなゲームでは『マインクラフト』が、アナログなゲームではレゴが国際的に評判が高い代表的なおもちゃです。

私は算数が苦手だったので、おはじきや積み木を使って数を理解するのは、とても楽しく感じました。それらもごくシンプルでアナログなゲームです。カラフルな色とさまざまな形がきらきらして見えて、算数の苦痛がましになりました。紙粘土で立体を造形したり、ハサミやノリを使って紙細工をこしらえるのも大好きでした。それらも私はゲームとしてやっていました。

手先が不器用で、いつもうまくできないものの、それでもしつこく作っていました。そうやって何かを作りだすことが好きで、夏休みの自由研究ではマニアックな知識を詰めこんだ壁新聞や年表の巻物を作るようになりました。大学に入ったあと、じぶんの調査結果をまとめたハンドアウトやスライドを作るたびに、「ずっとこういうことをしていたい」と思いました。

発達障害の子どもたちも、なんらかのアナログなゲームに、デジタルなゲームとは異なった楽しみを発見してくれると思います。文房具店やおもちゃ屋に一緒に出かけて、親子で何かおもしろそうなものを選んでみてください。子どもと一緒に楽しんだら、その子はとても幸せだと思います。

やる気スイッチの入れ方

発達障害があると、「やる気スイッチ」がなかなか入らないことが多いです。注意欠如多動症があると、先延ばし癖があります。自閉スペクトラム症があると、感覚が鋭いせいで疲れやすくなります。限局性学習症があると、文字を読んだり計算をするのが難しいです。発達性協調運動症があると、体の操作が難しいです。

定型発達の子どもよりも負担の大きい心身を備えているのだから、やる気が起きなくて当たり前なのです。

そんなわけで、「やる気スイッチ」はゲームに入れてもらうことにしたら、どうでしょうか。5章で、早起きが苦手な子どもに「朝はたっぷり遊んでもいいよ」と声をかけては、と提案しました。実際、私はおとなになってから、どうしても朝から職場に行きたくないと思うようになって、ゲームを利用していました。ゲームを1時間とか2時間とかやっていると、「きょうは朝から楽しいことをした」と思えて、そのあとも気持ちがくさくさしないで働けたのです。

注意欠如多動症があると、「脳内多動」によって、思考がぐちゃぐちゃと複雑に乱れて動き、頭のなかに霧がかかっているように感じることが多いです。仲間に話を聞くと、学校から帰ってきて予習・復習をするまえに音楽ゲームを20分やって、指を動かすことにしていたと言っている人がいました。プチプチ緩衝材を潰していくのも有効だと思います。じぶんがノリノリになる音楽をかけるのも良いです。**すぐに頭のなかに「即時報酬」として快感が発生し、覚醒作用が起こります。脳が活性化するのです。**もちろん楽器を弾いたり、かんたんなスポーツをやるのも、同じ効果があるでしょう。

アウソニウスという古代ローマの作家に「始めよ。着手したら仕事の半分は片づいている」という格言があります。ゲームによって「やる気スイッチ」が入ったら、勉強の半分は片づいたことになります。

場合によっては、ポモドーロ・テクニックを併用しても有効かもしれませんね。起業家のフランチェスコ・シリロが提唱する方法で、ポモドーロとはイタリア語でトマトを意味します。シリロはトマト型のキッチンタイマーを使って、勉強や仕事を25分で区切り、5分の休憩を挟んでまた25分の作業に励む、というやり方を提唱しました。

私の場合には、このやり方で「やる気スイッチ」が入ることはないのですが、夢中になりすぎて休憩を取らなくなり、疲労困憊することは多いので、適度な休みは必要だと感じます。いまは疲れたなと思ったら休憩を取ることができますが、子どもの頃はうまくできず、過集中してはパンクし、長時間（場合によっては何日も）放心状態ということがよくあったので、子どもの頃から集中しすぎないツールを利用したら良かったなと思います。

音の問題

それから、音の問題です。自閉スペクトラム症の子どもは小さな音でもさっと拾ってしまうことが多いですよね。冷蔵庫や換気扇の音に悩まされる子も多いのではないでしょうか。発達障害の本ではよくイヤーマフやノイズキャンセリングのイヤホンが推奨されています。仲間にも使っている人は多いですが、私には向いていません。それらを装着することによる耳まわりの触覚が不快になってしまうからです。

また私には虐待経験のフラッシュバックが起こるため、思考回路に隙間が多いと、それが多発して頭のなかがムチャクチャになってしまいます。そのため、私は音楽を流しながら生活している時間がとても長いです。あまりに聴きすぎて感覚が飽和するまで、好きな音楽を流しています。感覚が飽和すると、フラッシュバックが起きにくい、あるいは起きても心の痛みを感じにくくなるからです。

音に敏感だけど、音がないほうが困る。この私の特殊事情は、**困りごとを抱えた人は既存のノウハウを知ってじぶんにあてはめるよりも、じぶんにジャストフィットするノウハウを独自開発するほうが良いのではないか、**という考え方の出発点になりました。みなさんも、大雑把なノウハウを教えてもらうより、じぶんだけにジャストフィットするノウハウを独自開発するほうが、ずっと良いと思いませんか。

8
章

フロー状態でやるテスト勉強

フロー状態とは何か

心理学者のミハイ・チクセントミハイは、人間が夢中になっているときの状態を「フロー状態」として研究しました。「フロー」とは「流れ」のことで、夢中になっている人がしばしば大きな流れに飲みこまれているように感じると報告したから、そう名づけられたのです。

このフロー状態は誰でも知っていますよね。お気に入りの遊園地で夢中でアトラクションを楽しんでいるとき、めちゃくちゃおもしろい映画を見ているとき、私たちはフロー状態に入っています。このフロー状態は、スポーツ選手のあいだで「ゾーン」と呼ばれることが多いです。心身が特殊な「区域（ゾーン）」に入ることで、飛躍的なパフォーマンスを叩きだしたという感じ方をするからです。

すでにおわかりだと思いますが、ゲームにのめりこんでいるとき、私たちはこのフロー状態を体験し、ゾーンに入っています。これを勉強に転用すれば、抜群の効果で深く学べるようになります。本章では、それをとりわけテスト勉強でやってみようと提案します。

まずは以下に、私がやっていた方法を提示します。仲間に話を聞いてみても、やはりよく似た仕方でテスト勉強をしていましたが、仲間のやり方を参考にして、ちょっとだけ改良した部分（つまり私自身は子どもの頃にやっていなかったけど、このほうが良いなと思って合体させた部分）もあります。

本書のほかのノウハウと同じく、これはあくまで「叩き台」です。そのまま採用することを勧めているわけではなく、子どもたちが当事者研究によって、じぶんなりにフィットするものへとさらに進化させてほしいと思っています。親のみなさんが、ぜひとも助けてあげてください。

ポイント1 願望と目標を紙に書く

まず子どもに、テストの動機づけをしてもらわないといけません。それにはじぶんの願望を把握することです。私の仲間は中学時代に勉強にのめりこんだ理由を「好きな女の子にモテたかったから」と言っていました。そういうのでも良いと思います。願望を本人が把握できなかったら、やる気が湧かないのは当然のことです。言うまでもなく、どんな場合であっても（反社会的なものでない限り）その願望を親が否定してはなりません。そんなことをしたら子どもは親に心を開かなくなっていきます。

つぎに、具体的な目標を設定していきます。「国語はとても良い成績をめざす」とか「算数は0点を回避する」とかです。**これも子ども本人のすなおな気持ちを尊重するべきです。親がじぶんの希望を押しつけても、なにも良いことはありません。**子どもの目標が「オール5をめざす」とか「全国トップレベルに入る」など非常に高いもので、もしかすると現実感に乏しいものだとしても、本人が納得できているんだったら、それでOKです。納得できない目標をめざすことほど、モチベーションをさげるものはありません。

願望と目標の焦点が定まったら、ぜひともそのふたつを紙に書いて貼ってみましょう。注意欠如多動症があると、忘れっぽいです。自閉スペクトラム症の子どもも、視覚で把握できるものを理解しやすいと感じます。「海賊王におれはなる！　そのために理科で50点満点を取る!!（そんな理科の試験はないかもしれませんけれども）」とか「ムーミン谷に移住する！　そのために国語と社会で平均点以上をめざす!!（なぜムーミン谷への移住にそんな科目が必要なのか、わかりませんけれども）」とか紙に書いて貼ると、見るたびに励まされるはずです。

ポイント2　参考書や問題集は好みのものを選びぬく

参考書や問題集って、おそろしいくらいたくさんありますね。ぜひとも書店で実物をめくってみて、慎重に選びましょう。私は色や文体にすごくこだわりがあるので、色合いが気に入らなかったり、文章の感じが好みじゃないと思ったりしたら、絶対に買いませんでした。どうせ途中でやる気がなくなることをわかっていたからです。つまり私にとっては、そして多くの発達障害の子どもにとっては、その学習ツールが一般的にどれほど評価されているかという問題以上に、**じぶんの好みに合うかどうかが、勉強をちゃんとやるようになるための重要なポイント**になってきます。

オンライン書店などでたくさんのレビュアーに評価されているものを買ってみることを、まったく否定しているわけではありません。ただし、いわゆるサクラの書いたレビューも紛れていることはあるでしょう。人気があるから高く評価するレビュアー、つまり実態によって評価していないレビュアーも世の中にはたくさんいます。それを理解した上で、評価が高く見えた参考書や問題集を買ってみることは、あっても良いと思います。

仲間には、市販の問題集では説明がすごく省かれているため、わかりにくいと感じ、塾の専売問題集を中古品で買っていたという人もいました。塾の講師が生徒にわかりやすく教えられるように作られているため、説明が細部まで行きとどいているらしいです。そこまでやるかどうかはともかく、書店でじっくり確かめて、「ほんとうにじぶんがわかるように書かれているか」を納得せずに買うことは命取りです。本の書き手の個性はバラバラです。どこを難しいポイントと考えているかもバラバラです。一方で、発達障害の子どもが何を易しいと感じ、何を難しいと感じるかもバラバラです。**著者と読者が、うまくマッチングしないと、ギクシャクした読書体験が生まれてしまいます。**

ポイント3　波状学習法

心理学者のヘルマン・エビングハウスは、無意味な音節（単語っぽく見えるけど、デタラメなアルファベットの羅列）を暗記し、それがどのように忘れられていくかを実験しました。一度記憶した単語を、ふたたび完全に記憶しなおすのに必要な時間を計ったのです。そうすると、1回目に使った時間を100パーセントとすると、20分後には42パーセントの時間で、1時間後には56パーセントの時間で、1日後には66パーセントの時間で、6日後には75パーセントの時間で、1ヶ月後には79パーセントの時間でふたたび記憶できるという結果になりました。

つまり、人間は学習内容を記憶しても基本的にはすぐに忘れてしまうもので、時間が経つほど、最初に記憶したときに近い時間を使わないとふたたび記憶できないということです。これを踏まえると、私たちが勉強しようとすると、同じ学習内容を何周もやるのが原則ということになります。これは一般的には「分散学習」と呼ばれていますが、この言葉を知らなかった子どもの頃の私は、独自に「波状学習法」と呼んでいました。水や海が好きな私は、**浜辺に海水が押しよせては引いていくような仕方で、本に書かれた内容をじぶんに波打たせて、脳を学習内容で浸そうと考えていた**のです。

テスト範囲の参考書を何周もしたり、問題集を何回も解いたりする。かんたんに飲みこめている学習事項は、もしかしたら1周で良いかもしれません。しかしどれだけ考えてもうまく飲みこめない学習事項は、もしかしたら15周になるかもしれないし、50周になるかもしれません。

私が子どもの頃から、スケジュール表にしたがって行動することを好んだことについては、6章で書きました。スケジュール表は、テスト期間にはますます重要度があがりました。ざっくりした方法は、こんな感じでした。まずテストの4週間前から準備を始めることにして、その第1週には参考書や問題集の1周めをやります。第2週には、2周めと3周めをやります。第3週には4周めから7周め、8周めくらいをやります。第4週には全体をざっと読みなおしながら、だいたいは頭に入っているなと安心しつつ、難しい問題に関しては9周め、10周め、15周め、20周めとやっていきます。最初は時間をかけないと頭に入らないのですが、反復すると少しは短い時間で覚えることができる仕組みを利用していたのです。

試験範囲に、直前に習ったことまで含まれることはよくあることですよね。私の場合は、それらを最終週にテスト勉強することにしていましたが、私の仲間にはそれが不安なので、1か月前からテスト範囲を予想して、習っていないことまで右で書いたような反復的なテスト対策の対象にしていた、という人もいました。私もそうやっていたら良かったかもな、と思います。

ポイント4　机の上まっさら作戦

注意欠如多動症があると、掃除や片づけが苦手なことが多いですね。発達障害の子どももおとなも、散らかった部屋に棲息していることが多いです。

私は成長後も、この片づけ問題を完全に解決することはできなかったのですが、だいぶましにはできました。購入するものを思い入れのあるものだけにして、それを部屋に隙間なく配置した棚に、びっしりと並べていく。新しいものがほしくなったら、どれかを処分するのがルールです。それから、棚に置いてあるものはなるべく出し入れしないこと。購入して所有して、ほとんど使わないのは本末転倒と思うかもしれませんが、私は部屋が散らからないのだから、これで良いと思っています。そもそも所有した時点で、私たちはほとんど満足できているものですよね。こういう考え方をするようになって、部屋の乱雑さはぐっと改善しました。

しかし、片づけ問題・掃除問題に根本的な解決をもたらしてくれたのは、ホームヘルパーの利用です。毎週1度、自宅に来てもらって、片づけと掃除をしてもらっています。その人（AさんやNさん）が来たら私にスイッチが入るので、床に散らかっているものをテーブルに置いたり、届いていた段ボール箱を解体して荷物を取りだしたり、ふだんは適当にチャチャッとやっている歯磨きを熱心にきっちりやったり、めんどうがってちゃんと処理していないヒゲや鼻毛を整えています。発達障害の子どもも、掃除や片づけをできるようになるのは諦めて、将来はホームヘルパーを利用すると決意してみると良いのではないでしょうか。もちろん、これでも完全な解決ではなくて、たとえば私の職場（大学の研究室）は、ホームヘルパーの助けを借りられない空間なので、いまでもかなりひどい散らかりぶりです。

勉強するときは、机の上をまっさらに片づけることから始めます。どのくらいまっさらにするのが良いかは人によって違いますが、勉強中に机の上にあるもので気が散る、集中しづらいという状況をなくせれば、それでOKです。机の上のものをどこに置くかと言えば、棚や机の引きだしにしまえればいちばん良いですが、無理そうならまとめて部屋の隅にでも置いておきましょう。**頭のなかから出ていってくれて、注意を掻きみださなくなれば、どこに置いても良いです。**台所でも良いし、濡れないようにすれば風呂場でも良いし、飛んでいかないようにすればベランダや庭でも良いです。

ポイント5 フロー状態に突入

さあ、すっきり片づいた机に座って、じぶんで選んだお気に入りの参考書や問題集が揃っています。あとはフロー状態に入るだけです。

どうやって入るか？　7章の「やる気スイッチの入れ方」に書いたとおりです。短時間のゲーム、プチプチ緩衝材、ノリノリになれる音楽、軽いスポーツ、ポモドーロ・テクニック。**私はよく、お気に入りの小説のいちばん盛りあがってくる場面を読むことにしていました。**じぶんの人生もぐいぐい引きあげられるような感覚が湧いてきて、もっとじぶんの人生を良くしたいという気分になります。それにはまずは学校の勉強をがんばる必要がある、と考えて、参考書や問題集に挑戦していきました。

2章で、注意欠如多動症の子どもが席に座っていられないのは、椅子がその子に合っていないからだと書きましたね。じつは私はいまでもこの問題を解決していません。座り心地の良い椅子があることは知っているのですが、めちゃくちゃ高いので、私は椅子問題を解決するのを諦めたのです。どうやっているかと言うと、**立ってうろうろ歩きながら勉強したり、寝転びながら、どんどん姿勢を変えて勉強したりしています。**

いまでは、さすがに職場では我慢して椅子に座っていますが、それでストレスがかかってしまうので、家ではほとんどの時間をゴロゴロしながら過ごしています。しかし、怠けているのではありません。そういう姿勢でパソコンやスマートフォンを操作して、仕事をしているのです。この本だって、9割くらいはそういう姿勢で書いたものなんですよ。

寝転んでいても、長く続けるとだるくなってきますね。そうしたら休憩を取ったり、じぶんに刺激を与えたりしましょう。私はよく洗面所に行って、水で顔を洗っていました。水が大好きですからね。子どもの頃は体をこするのもシャワーも痛くて、あとは身のこなしや手先が不器用だから、お風呂に入るのが大嫌いでした。でもおとなになったら、入浴の快感に目覚めました。いまでは夏場だと一日に5回も6回も冷水でシャワーを浴びます。温水でシャワーを浴びたあと、冷水を溜めた浴槽につかるのも好きです。じぶんがシダ植物に生まれ変わっていくような気がして、楽しくなります。

ポイント6 科目を偏らせないように学ぶ

発達障害の子どもは疲れやすいです。じぶんに合っていない環境から受けるストレスが、いつも蓄積しています。**ぜひ「じぶんの疲れ具合」をいつも気遣うように、教えてあげてください。**一定の限度を超えて、無理をしながら勉強をしても、能率は落ちるばかりになります。

疲れたと思ったら休憩の時間を取って、ストレッチ運動などをしましょう。ポモドーロ・テクニックでは、25分仕事して、つぎの5分で休むというリズムを繰りかえしますが、別に15分勉強して15分休憩するのでも、1時間勉強して30分休憩するのでも良いと思います。要はその子ども自身にとってぴったり合った時間感覚を探っていくことです。

参考書に書かれてあることがわからなかったり、問題を解いていて行きづまったりしたら、ネット情報を参考にすると良いでしょう。私が子どもの頃はインターネットがまだ普及していなくて、そんなことはできませんでしたが、**私がいま子どもならネットを活用します。**現在の私は執筆に行きづまったとき、まさにそうやって事態を打開しようとしますから。

発達障害があると、どうしても好き嫌いが強くなるので、科目の勉強も偏りが出やすいと思います。ちゃんとその日ごとの配分を決めて、紙に書いて貼っておくと良いですね。2時間勉強をやるとして、たとえば「7時~7時30分は国語、7時30分~8時は算数、8

時~8時30分は理科、8時30分~9時は社会」のように。視覚化して目立たせることは重要です。私たちは「なんでもすぐに忘れてしまう族」ですから（笑）。

ポイント7 スケジュール調整、「もくもく会」、じぶんをねぎらうこと

なんだかんだ言っても、どうしてもやる気にならない日もあると思います。そんな日がたまにあるくらいならふつうのことですが、何日も続くようだと、スケジュールがハードすぎるのではないか、と考えるのが良いです。負担が大きくてやる気がなくなるのは、誰でも一緒です。

「もくもく会」を利用するのも手です。「もくもく会」とは、会議用アプリを使って仲間と集まり、話したりはせずに、それぞれが黙々とじぶんの作業に耽るという集まりです。コロナ禍になって会議用アプリが一般化したことで、あちこちで「もくもく会」が「やる気スイッチ」を入れるノウハウとして人気を博すようになりました。クラスメイトと申しあわせて、会議用アプリで作った部屋に集まり、それぞれがテスト勉強に集中するのです。原則として、「おしゃべりは禁止」とします。「黙々」とじぶんの作業をする会なんで

す。

そして勉強をがんばったら、じぶんをねぎらうことはたいせつです。たとえば勉強のあとは好きなことをやるとか、カロリーの低いお菓子を食べるとかです。6章で書いたアンダーマイニング効果がありますから、親が子どもの成果に対してご褒美をあげるのは逆効果だと思います。誕生日、クリスマス、子どもの日などに記念として贈り物をするのは問題ありませんが、日常的に外から「成功報酬」を贈られると、子どもの学習意欲はどんどんダメになります。ソースは子どもの頃の私です！

9章

ひとり探検隊のキャリア形成

計画的偶発性とネガティブ・ケイパビリティ

よく言われることですが、誰でもひとりで生まれてひとりで死んでいきます。誕生と死没のあいだに誰かと群れて過ごすステージが何度もやってきますが、それは付随的なもの、つまり本質的なものではないかもしれない。少なくとも発達障害の子どもにとっては、「ひとりが基本」な場面が多いでしょう。1章でも書きましたが、人生は探検のようなものだと思います。誰でもじぶんの人生を「ひとり探検隊」として進んでいきます。

自閉スペクトラム症の子どもは、定型発達の子どもよりも怖がりの傾向があります。ほかの子どもたちと同じような「ひとり探検隊」だとしても、探検する先がいっそう厳しい場所になってしまうのです。**親としては途中まで同行して、「これから先はひとりで進んでいけそうだ」と判断したら離れていく。その塩梅がたいせつです。**心配しすぎて、ずっと付きそっては「ふたり探検隊」になってしまいます。そうなると、もはやじぶんの力で進んでいけなくなります。

ひとり探検隊が、うまく目的を達成するための秘訣はなんでしょうか。教育心理学者のジョン・D・クランボルツが提唱した「計画的偶発性」（プランド・ハプンスタンス）の理論は参考になる考え方です。人のキャリアの8割は偶然によって作られるという観点に立って、キャリア形成に関する計画をあえて明確にしないように心がけ、積極的な行動をつうじて出会う偶発的な出来事によって、想像を超えたキャリア形成に成功していく、という考え方です。クランボルツは計画的偶発性を達成するのに必要なものを好奇心、持続性、楽観性、柔軟性、冒険心に見ています。私もじぶんのキャリアを振りかえってみると、それらを心がけたことで、さまざまな偶発的な幸運にあずかってきたと感じています。

ですから**注意欠如多動症の子どもが、興味が湧いたことにどんどん取りくんでいくのは、まさにキャリア形成に成功する出発点になるのです。**でたらめにいろんなことに夢中になっているように見えても、スティーブ・ジョブズがスタンフォード大学での有名なスピーチで述べたように、そのうち一部のものごと同士がつながっていきます。何かがつながっていくには、いろんなことに首を突っ込まないといけません。

私の仲間のひとりは、高校生のときに視覚障害者を支援する資格を取得してはどうか、と教師に提案されて、「なにかトクするかもしれない」と漠然と期待して、資格の勉強をしたそうです。本人はもともと視覚障害の問題に特別な縁はなく、障害者支援の仕事にも興味がなかったのですが、やがて彼は障害者支援で起業し会社をつくりました。発達障害者の支援を、発達障害とは異なる障害者の支援を参考にしながら、ブラッシュアップしていくという仕事です。無意識的な計画的偶発性だったと言えるでしょう。

見通しもなくいろんなことに挑戦するのは、自閉スペクトラム症の子どもにとっては、不安が大きいと思います。ですから、いろんなものごとがわかるようになってきたら、右の計画的偶発性にあわせて「ネガティブ・ケイパビリティ」（答えの出ないものを受容する力）という考え方も教えてあげてみてはどうでしょうか。もともとはロマン派の詩人ジョン・キーツが述べたもので、**短気に事実関係や理由などを求めることはせず、確かでないものや不可解なもの、疑問を抱いたものに直面することに耐える力が重要**だという内容です。世の中や人生は複雑に構成されているので、簡単に「正解っぽく見えるもの」「どうやら理由めいたもの」に飛びついていたら、世の中や人生を適正な仕方で把握できなくなってしまいます。そうしたら、その人の認識は貧しくなってしまうし、もちろんそういう人は人間関係にも恵まれなくなります。

命綱とSOSと自己責任論

探検の旅に出れば、つねに遭難のリスクがあります。容易に想像がつくと思いますが、発達障害があると、遭難率は定型発達の人たちよりもずいぶん高いです。ですから、命綱がたいせつになってきます。親は探検旅行の初期にしか付きそえません。ずっと付きそうことは、むしろ良くないことだと思います。だから**探検先でいくつもの命綱を利用できるように教えてあげましょう。**

命綱を用意しておくということは、言いかえれば、子どもが困ったらすぐにSOSを出せるようになるということです。私は引っ込み思案で、子どもの頃からなかなか相談できませんでした。40歳になって休職し、障害者職業センターでSST（ソーシャルスキルトレーニング。仲間とのロールプレイによって、難しい場面の切り抜け方などを探求する技法）をやって、はじめて「こうやって相談するのか」と驚いたくらいです。むかしは40歳と言えば「不惑」と呼ばれたのに、現代人は（あるいは発達障害者は？）子どもっぽいですね。ですから、親のみなさんは子どものために「担任の先生への相談の仕方」をロールプレイで実演し、伝授してあげてほしいなと思っています。

それから、心が成長してきたら子どもを自助グループや児童発達支援センター／発達障害者支援センターに通わせるのも良さそうですね。あるお母さんは、お子さんの主治医に「子どもを支援センターに通わせる意味は？」と尋ねたそうです。その主治医の答えは、「子どもの頃に信頼できるおとなと関わりを持っておくと、思春期になって親に相談しなくなったときに、支援センターにいたようなおとなを探して相談すればいいんだと思えるようになる」というもので、そのお母さんは「なるほど！」と感心したと聞きます。

すっかりおとなになったあとは、勤務先にできるだけ相談できる相手を作ることが重要になります。職場に理解者がいなくても、主治医、福祉行政の支援者、自助グループなどに相談できるようにしておくことで、遭難を回避しやすくなります。

私が主宰する自助グループにやってくるのは、遭難しかけている人たちです。そして、彼らのほとんどに共通点があります。それは人間関係がほとんどなくなって、ＳＯＳを出せる相手がまったくいないということです。よく理解できる話です。日本では、ほとんどの人は自助グループというものに縁がありません。よくわからないものに近づきたいと思う人は稀でしょう。健全な人間関係が廃れてしまって、藁《わら》にもすがるような思いで私が主宰する会に来てくれるわけです。私が彼らに言うことは、何よりも**支援者たちとのネットワークを形成する**ことです。通院をやめてしまっていた人は再通院する、福祉行政を利用したことがなければ役所の窓口に行って相談する、自助グループに通うようにする、𝕏（旧ツイッター）にアカウントを作って発達界隈に参入するといったことです。そこから人間関係が生まれ、それが新たな展望を開いていきます。

発達障害の子どもは、まわりから否定されながら成長するので、「誰かと話しても否定されるだけ」という思いが強くなってしまいます。結果的に「相談する」ことが不得意になって、遭難しかけてもＳＯＳが出せなくなります。子どもが周囲からの否定の嵐に負けてしまわないように、親だけは子どもを認めてあげて、遭難しかけていたらＳＯＳを出せるようにしてあげてほしいです。

また、成長した発達障害者がＳＯＳを出せない大きな理由として、多くの遭難者が自己責任論を内面化しているという問題があります。日本では長期にわたって経済が停滞し、新自由主義が台頭したことで、弱肉強食の思想が正当化される社会風土が醸成されました。やはり私が主宰する自助グループの話になりますが、人生で行きづまっている理由を、彼らは「じぶんの努力が足りないから」と自己分析しています。まわりから「ダメ人間」扱いされ、「努力」や「気合い」や「根性」が足りないと言われてきて、そう言われるのが嫌だったはずなのに、いつのまにかそれが「事実」なんだと錯覚しているのです。

実際には、発達障害者が定型発達の人と同じように活躍できるだけの環境整備がなかったのが原因なのに、そのようには考えられなくなっている。「職場に合理的配慮を申し出る勇気がない」とか「障害者手帳なんか取ったら人生に負けたと感じる」とか話す人も稀ではありません。

思うのですが、この本を読んでいる読者のみなさんも、しばしば自己責任論を内面化しているのではないでしょうか。社会に出ていない子どもに自己責任論を押しつけるつもりまではなくても、「一人前のおとな」になったら、失敗したら自己責任として引きうけてやっていかなくてはならないのだから、厳しくきっちりと育てなくてはならない、「ふつうの子」と同じようにやっていけるようにしなくてはならないと思っているのではないでしょうか。

それは悲しい考え方です。自己責任だと思うあまり、自殺してしまう発達障害の人って、いったいどのくらいの数になるんだろうかと思ってしまいます。自助グループをやっていて、私はしばしばそのことを考えてしまい、暗澹たる気分になります。**自己責任論か**

ら、まずは親が解放されなくてはなりません。

資金の問題とキャリアと私（1）

発達障害の子どもを育てていく上で悩ましいのは、お金の問題だと思います。障害があることで、何かとお金がかかってしまいます。キャリア形成もたいへんになります。私の場合はどうだったでしょうか。

中学受験ははじめから、私も親も念頭にありませんでした。高校受験のときは、私立をひとつ併願させてもらえましたが、必ず公立に進学するようにと言われました。妹と弟がひとりずついましたし、バブル崩壊直後の厳しい経済状況のなかで、私を私立高校に行かせるようなお金はなかったのです。中学時代、私は得意な科目は学年でトップレベルでしたが、苦手な科目（とくに数学）は平均点を下回っていたので、学区内で偏差値第1位の高校は、早々に進学を諦めました。偏差値第2位の高校に入って、無理の少ない生活を送ろうと思ったのです。

大学受験のときは、私立の受験を禁じられました。結局志望した国公立は落ちてしまって、浪人することになりました。どうしても予備校に通いたいとせがんで、お金を出してもらえたことに、とても感謝しています。この頃には家計状況は危険水域に近づいていました。私は予備校に通っていても勉強がわからなかったので、近くにある地元大阪でいちばん大きな図書館に毎日のように通って、興味が湧くようになっていた国内外の文学作品の読書を重ねました。

そして、当時はセンター試験と呼ばれていた一次試験（現在では大学入学共通テストに姿を変えています）の点数が良くなかったので、本来の志望先とは異なるちょっとレベルが下の大学を受けました。その大学を選んだ理由は二次試験を英語、国語、歴史で受けられるからでした。数学がとにかくわからなかったので、センター試験の点数もひどかったですし、二次試験ではさらに壊滅することが予想できました。ですから数学の試験がないことは最重要のポイントでした。

びっくりしたのは、前年の資料では3倍くらいの倍率ということだったのに、試験会場に来てみたら8倍くらいの倍率だったことです。じつは二次試験から数学がなくなったのはその年からだったので、私のように数学を苦手とする受験生が殺到したのでした。しかし私は「この大学の二次試験はかんたんだ」と思って受けましたし、問題なく受かりました。この大学が、私の母校になった京都府立大学です。

資金の問題とキャリアと私（2）

大学に入ったのは良いものの、自活をしたくてたまらず、バイト三昧の生活を送りました。1年生のときは、授業にほとんど出ませんでした。そして2年生から実家を出て自活を始めました。家は破産してしまったので、日本育英会（現在は日本学生支援機構に姿を変えています）から奨学金を借りました。当時は教職についたら将来の返還を免除するものと、利子をつけて返還しなければならないものの両方があって、私は両方を借りました。お金のことで不安を抱えながら勉強をしていくのは、いろんな意味でもったいないと考えたのです。実家が経済的に危機だということから、大学に授業料を免除してもらう申請をしました。2年生から4年生まで毎年申請しましたが、ずっと全免を認めてもらえました。

自活を始めると、バイトはすべてやめて、学業に集中しました。文学研究者になりたいという思いが強まっていて、大学院はもっと上のレベルのところに進学しようと思ったのです。4年生でやる卒業論文に2年生のときから取りくみました。その論文の初稿を4年生の夏に完成させて、京都大学の大学院の入試用に提出し、合格しました。冬に完成稿を作って提出しましたが、審査員の教授たちから「これまでに見た卒論のなかで最良のものだ」と絶賛されました。

新たな母校となった京都大学の大学院に進学しても、二種類の奨学金を借りつづけました。入学料は払いましたが、授業料は免除の申請をして、全免してもらえました。たくさん勉強しながら修士論文を書きましたが、これは意欲が空回りして惨憺たる出来になりました。私の専門分野では、修士論文を書きおわったら論文を投稿したり学会発表をしたりしていく、つまりプロの研究者としてやっていくことになる仕組みだったので、そのことを過剰に意識して、無理な背伸びをしてしまったのです。

しかし修士課程2年めのときに、修士論文やその先の博士論文でどういうことをやりたいかという計画を書いて日本学術振興会に提出し、特別研究員に採用されました。これは博士課程の3年間、毎月一般企業の新入社員くらいの給与を支給してもらえる上に、一定の研究費ももらえるというすてきな制度です。これによって、博士課程の3年間は奨学金を申請する必要がなくなりました。授業料に関しても、3年間ずっと全免を認めてもらえました。学部2年生から博士課程を出るまで8年間にわたって授業料を払わないで済んだのは、ほんとうにありがたいことでした。

資金の問題とキャリアと私（3）

日本学術振興会では博士課程を終えた人のためにも特別研究員の制度が用意されていますが、それには落選して、非常に暗澹たる気持ちになりました。その頃には心身が消耗して、研究内容も迷走していました。京都府立大学と京都大学というふたつの母校で非常勤講師を務めたほかに、アルバイトもやりました。とはいえ、さいわいに博士課程の頃に特別研究員として受けた給料が多かったので、生活に余裕があり、海外旅行に何度も出かけられるほどでした。

博士課程を出てから半年ほどで京都府立大学の恩師から、翌年から赴任してほしいと依頼されました。私の分野では当時、40歳を超えても就職できない人が一般的になりはじめていましたが、私は29歳で就職できました。地方公立大学の教員ですから、大手の私立大学などとは給料がかなり違いますが、小規模な大学なので気が楽だと思い、不満はありませんでした。

しかし当時は鬱状態がだいぶ深まっていて、完成まぎわだった博士論文をはじめから書きなおしていってしまい、さまざまな迷走の結果、博士論文が完成したのは最初に着手した修士論文直後の頃から数えて18年後でした。はじめは「3年くらいで、20代のうちに一挙に仕上げよう」と思っていたのですが、気がついたら40歳を超えていました。

就職するまで、しょっちゅうつらい思いを味わっていたので、学生や院生として生きるのが向いていないんだとじぶんに言いきかせていたんです。社会人になったら、ずいぶんと好転するはずだと信じていた。ところが常勤の大学教員になったら、学校社会よりも一般社会のほうがじぶんにずっと向いていないことがわかりました。

帰宅したら18時くらいから23時くらいまで酒を飲み、日が変わるあたりで眠るという生活を10年以上にわたって毎日続けました。鬱状態がきわまって休職することになり、発達障害の診断を受けました。

学部生や大学院生の頃には、授業や研究会や学会で発表すると、「天才だ」とか「将来は絶対に大物になる」とか絶賛されることが多かったのですが、就職してからはすっかりそんなことはなくなり、人間関係も破綻を続けて、あわれな落武者のような人物になってしまいました。ですが診断を受けてから発達障害について勉強し、いろんな自助グループを主宰するようになって、その経験を本にすると地味ながら反響があって、「感動しました」とか「勇気をもらいました」と言われました。つぎつぎと出版や講演の依頼が舞いこむようになり、最近ではずいぶんと景気の良い感じになっています。

ちなみに20代のときに借りていた奨学金のうち、返済が必要だったものは、43歳の今年(2023年)になって、ようやく完済できました。教職につくことで全免になるものも、規定の勤続年数に達しました。

運と勤勉さ

私が経験してきた資金の問題とキャリア形成を知って、どう思うでしょうか。ずいぶん恵まれていると感じるでしょうか。苦労してきたんですね、と感じるでしょうか。私は「捨てる神あれば拾う神あり」だと思っています。

私がなんとか生きのこってきて、いまも活躍できている、しかも現在これまでの人生でかつてなかったほどに活躍できているのは、運による部分が大きいと思います。僭越ながら、私自身の実力もあるにはあるとは思っているのですが（すみません）、実力があってもうまく行かない人はたくさんいます。**「流れ」あるいは「ツキ」のようなものに乗ることができるかどうかは、大きな意味を持っています。**しかも、おわかりだと思いますが、「流れ」あるいは「ツキ」というものは、基本的に黙って待っているしか、どうしようもないものです。

運のほかに、私自身の力に帰する成功の秘訣がまったくなかったとは思いません。なにより大きいのは、私は勤勉だったことです。子どもの頃からいまに至るまで、私はずっと何かを熱心に学びつづけてきました。もちろん、私よりもずっと勉強のできる人はたくさんいますが、私ほど生活のほとんどの時間を勉強に捧げている人は稀だと思います。趣味に耽っているように見えても、それは勉強の一貫として夢中になっていますし、勉強にならない趣味には興味が湧きません。息抜きをしている時間もたくさんありますが、なぜ息抜きをしているかと言えば、そのあとでもっと勉強するための体力を養うことができるからです。

なぜそんなに勉強ができるのでしょうか。おそらくこれもおわかりだと思いますが、私はフロー状態で勉強するのが得意だからです。**私は勉強している時間、ずっとフロー状態**

に入っています。これがものすごく気持ち良いのです。じつは勉強していない時間もフロー状態に入っていることが多いのですが、勉強しているときに比べると強度が低く、快感が少ないのです。ですから、もっともっと勉強したいのです。子どもの頃のようには、ゲームやプチプチ緩衝材をもはや必要としていません。フラッシュバック阻止のために音楽は使うのですが、パソコンやスマートフォンで執筆を始めるやいなや、フロー状態に入ります。

　そして勤勉さのほかに、私に備わった成功の秘訣と言えそうなものが、もうひとつあります。それをつぎの最終章で説明します。

10 章

守るもののために諦めていく

まず「これがふつう」の世界を立ちさる

以下の内容は、発達障害の子どもにもなかなか受けいれにくいかもしれませんが、どこかの段階で声をかけてあげてほしいのは、「これがふつう」の世界を立ちさることがたいせつ、ということです。何より親がまずそうしてみせるのが肝心です。子どもに対して、背中を見せてあげなくてはなりません。

ドイツ文学の分野で、もっとも重要度が高いと見なされる作家と言えば、ヨハン・ヴォルフガング・フォン・ゲーテという文豪です。ちょうど英文学の分野での、シェイクスピアのような存在です。日本文学で言うところの紫式部や夏目漱石に似た位置づけの作家と言えるかもしれません。

そのゲーテは、よく「諦念《ていねん》」ということを言っていました。人生は諦めることの連続だという意味ですね。大学生の頃にゲーテの本を読みながら、私は「いかにも老人めいた思想だ」と感じ、反発を覚えました。「諦めること」とあっさり訳されず、「諦念」という説教くささを感じさせる言葉で訳されていたので、よけいにそうだったのだと思います。

いま、私はその「諦念」、つまり諦めることが、実際にはじぶんの人生の最大のライフ

ハックだったと理解しています。高校受験のときに、学区内で偏差値第1位の高校を諦めて、第2位の高校に進学しました。大学受験のときにも本来の志望先を受験せず、かんたんに入れそうな大学を選びました。そのあとは京都大学の大学院に進学して、早くに大学の常勤教員として就職しましたから、「エリート街道」を歩いてきたと思われがちですが、実際にはいろんなことを諦めてきました。

恋人になってほしい人を諦めたとか、どうしてもゲットしたい商品を諦めたとか、そういう一般的なことだけではありません。本書で書いてきたことで言えば、椅子に座れるようになることを諦め、寝転びながら仕事をしつづけているのもそうです。じぶんの部屋をじぶんで掃除して片づけるのを諦めて、週に1回来てくれるホームヘルパーのAさんやNさんに委ねています。9章で書いた計画的偶発性とネガティブ・ケイパビリティにしても、諦めの思想です。計画どおりにキャリア形成することを諦め、わからない問題をわからないままに受けいれるという諦めを推奨しているわけですから。

立派な社会人になろうとして、諦めないようにがんばっていても、希望どおりの展開になることは稀です。諦めないことで、心の病気になったり、この世から去ってしまったりすることだってあります。諦めると自尊心が損なわれるという懸念があるかもしれませんが、できないことがたくさんあるじぶんを受けいれ、じぶんに満足することだってできます。コツは「前向きに諦める」ということです。

人生というカードゲームとツキの有無

「前向きに諦める」とはどういうことでしょうか。私はじぶんが主宰する自助グループで、人生はカードゲームのようなものだとよく話題にしています。どんどんと手持ちのカードを捨てていって、最後までどうしても残しておきたいカードを守りとおすゲーム。発達障害の人は、定型発達の人よりも、ずっと多くのカードを捨てなければならないはずです。それでも、**より多く諦めることが、より不幸になる道だとは言えません。**「断捨離」という考え方がありますよね。過剰な所有物を整理して、すっきりした生活を確保することで、より多く幸せになることができるというものです。私は欲望や希望に関しても同じことが言えると思います。

9章で、私がいま良い感じで生きられているのは、運と勤勉さに関係があるかもしれないと書きました。勤勉さと違って、運はじぶんで操作できませんが、じょうずに付きあうことはできます。あらゆるカードゲームと同じく、人生というカードゲームでも「流れ」が大きな意味を持ってきます。どんなに正しく思われることでも、「流れ」がないときには、うまくいきません。力がないはずなのに、「流れ」があったために、うまくいくこともあります。「流れ」が来たかどうかを探りながら、ちょっとずつ人生の探検を進めることが鍵になります。「流れ」が来たら、一気に探検先の世界への展望が開けるはずです。

また、「夢を諦めない」とか「最後までがんばる」とかの言葉は世間でもてはやされやすいですが、「流れ」に無用な抵抗をせず、状況の判断次第でサッと諦めることで、いろんなことに悩まされなくなります。たとえば「人の縁」に恵まれることは、基本的に良いことですし、9章で書いたように、命綱にあたる支援者につながっておいて、SOSを出せる環境を確保することは重要です。それでも人生の「流れ」次第で、切れて良い縁は出てきます。どうがんばっても途切れる縁はある、と諦めておくことで、人間関係に振りまわされず、じぶんらしく生きやすくなるはずです。

人は人、じぶんはじぶん

英語を使って外国人と会話していて、〈It's not my business!〉と拒否されることが何度もありました。この〈business〉とは、私たちを「あくせくと」（busy）させるもののことですね。「それは私に関わりのないことだ！」というくらいに訳せると思います。〈It's not your business, but my business!〉のように言われたこともあります。「それはあなたの問題じゃなくって、私の問題です！」。だから首を突っこむのは遠慮してね、ということですね。

なんでも欧米的発想が正しいと思っているわけではありませんが、日本でのベタベタした人間関係が苦手だった私には、さっぱりしていてすてきだなと思えました。発達障害があるから、まわりの人たちと連携しながらものごとにあたるのが苦手なので、そのような〈not...business〉の世界観に憧れました。外国人とはドイツ語で意思疎通することも多いのですが、同様の表現〈Das《ダス》 ist《イスト》 seine《ザイネ》 Sache《ザッヘ》!〉（それは彼の問題でしょ！）などをよく使ってしまいます。私のお気に入りの表現になっています。

私はあまり自己啓発系の本を読むことはなく、どちらかと言えばそのジャンルに苦手意識を感じています。自己啓発系の本には、発達障害の人に役立つ内容は、ほとんど含まれていません。あくまでも定型発達の人がサバイバルしていくための指南書として作られているから、というのが理由のひとつです。

岸見一郎さんと古賀史健さんによるベストセラー『嫌われる勇気』を読んだときも、感心しない箇所は多くありました。「トラウマは存在しない」などの疑似科学的な言説も混じっていますしね。でも、この本のなかで「課題の分離」が勧められている場面を読んだときは、私は右に書いた英語やドイツ語でのお気に入りの表現を思いだして、共感しました。**「課題の分離」とは、じぶんの問題と他者の問題を切りわけて、じぶんの問題に集中しましょうということです。**

人の心が乱れるのは、過去を後悔したり、他人に執着したり、じぶんの感情をもてあましたりするときが多いと思います。過去も他人もじぶんの感情も、変えるのは困難です。過去を絶対に変えられないとまでは思いません。じぶんが生きてきた物語を新しい角度から再編すれば、過去の内容は新たな意味づけを持ってくるのですから、それによって過去が別物になることはあります。でもそれには時間がかかるし、タイミングも大事になってきます。他人を変えることも不可能ではないかもしれませんが、大きなリスクをともないます。険悪な関係になるかもしれませんし、いつか逆襲される可能性もあります。じぶんの感情はじぶんであやすのが一人前のおとなとしての務めだ、などと言われることもありますが、どうしても気持ちが腐ってしまう場面はあると思います。ですから、**過去と他人とじぶんの感情も、諦めの対象にすると、だいぶ楽になります。**過去に関しては諦め、他人に関しても諦め、じぶんの起伏の激しい感情も諦めるのです。

来世におまかせの理論

「アンラーニング」（学習棄却）という言葉をはじめて知ったとき、私が積極的にやってきたことを指しているのかなと思いました。できるだけ諦めるという考え方を勉強に適用するという考え方です。つまり、**「この科目は捨てる」とか「これはできないままで仕方ない」と判断して、時間や労力や金銭をつぎこまないようにするのです。**

しかし、アンラーニングの意味を調べてみると、そういう意味ではありませんでした。アンラーニングは、使えなくなった知識を捨てて、新しく学びなおすということでした。

私は、それだったらニューラーニング（新規学習）とかリラーニング（再学習）という言葉が良いと思うので、私がやってきたことを指す言葉でなくて残念でした。

私自身は、学習事項の諦めを「来世におまかせの理論」と呼んできました。6章で「私の当事者研究」として（1）から（6）まで紹介しましたが、「来世におまかせの理論」は（7）にあたるもので、私にとっては究極のライフハックです。**これはちょっとどうしようもないなと思ったら、「来世でがんばります」と考えて、課題の克服を放棄するのです。**念のために言っておくと、私は「来世」というものをまったく信じていません。信じていないけれど、万が一にでも生まれ変わることができて、そのときにじぶんの能力や社会がいまと異なっていて、達成できそうなら努力すれば良いと考えて、前向きに諦めているのです。

もちろん、わざわざ来世まで持ちださずに習得を諦めてきたものはたくさんあります。私は手先が不器用なので、字がとてもヘタです。たんに汚い字ではなくて、なるべく味わいのある字にしようとは思いましたが、基本的には諦めています。大学の授業では、単語だけを書いていって、ヘタさが露呈しづらいようにするコツを身につけました。たくさん書く必要がある場合は、パソコンでスライドを作って、それを上映しています。

9章で、大学入試に際して、最終的に数学を捨てたことを書きました。正確に言えば数学が不必要な受験先を選んだのですが、そのときの解放感は、ものすごいものでした。心はかつてなく爽快で、晴れた青空を飛びまわりたくなるほどでした。数学ができたら、もっと理解できるのだろうな、と残念に思う学問分野はいろいろありますが、数学のことは「来世におまかせ」です。

10代の頃、じつは英語も苦手な学問でした。多くの自閉スペクトラム症の人と同じく、私にも聴覚情報処理障害があって、音声を耳で聴きとるのに向いていません。日本語でもわからないことが多いのだから、英語のリスニング試験は酷かったです。やがて、ドイツ語をはじめとして15種類くらいの外国語を勉強し、英語とドイツ語を含めて5種類くらいはかなり上達しましたが、いまや私はそれらの外国語もほとんど諦めています。どれだけがんばっても聴きとりは難しいし、自閉スペクトラム症の特性としてコミュニケーションの困難があるし、機械翻訳の発達を見ていると、外国語学習の意義を小さく感じていくばかりになりました。一時は外国語の習得に全人生をかけていましたが、いまではほかのことのために人生を使いたいと思っています。

学校の勉強を含めて、人生での学びには、「来世」とまでは行かなくても、未来の課題に指定するのが得策な問題がたくさんあります。わからないことをそのまま受けいれるというネガティブ・ケイパビリティの発想ですね。「白」か「黒」かわからなかったら、「いつかわかるかもしれないこと」と考えて、**二択問題のように見えるものを三択問題にすれば良い**と思います。

当事者研究という研究活動で言えば、「研究継続案件」ということになります。そういうふうに位置づけて、別の問題に向かえば、時間も労力も金銭も節約できます。もちろん、じぶんが「いつかわかるかもしれないこと」として処理をしても、ほかの人には白か黒か明瞭な問題もあって、人の意見もちゃんと聞くことが重要になります。ですから、やはり「共同研究」の仕組みをとる当事者研究は有用なのです。

じぶんの土俵、アウトソーシング、仕事の選択

世の中の多くの環境は、発達障害の子どもにとって、相手の土俵で戦う状況になっています。そうせざるを得ない場面はどうせ多いのですから、できるだけじぶんの土俵で戦える機会を作っていくことが重要です。その子が、その子なりの持ち味で輝くことができる

場所ということですね。じぶんなりに楽しんで活躍できれば、それに勝る人生の喜びはありません。

そのためには、**子どもが興味を持って取りくんでいるものを全力で応援することが不可欠になります。そして、どうしても嫌がっているものに関しては、「諦める選択もある」と教えてあげてみてください。**もちろんこれは「どうしてもダメなものは諦める」ということであって、「なんでもかんでもはじめから諦めていけば良い」ということではないので、その点は誤解なくお願いします。得意な分野で力を伸ばすのは、誰にとってもやりやすいことで、苦手な分野を克服するのは、誰にとっても難しいことです。発達障害がなくてもそうですが、発達障害があると、ますますそうなります。

苦手なことはできるだけアウトソーシング（外注）していきましょう。私がホームヘルパーを利用しているようにです。私の仲間が大学の授業でノートテイキングの支援者を利用したようにです。

なお、仕事の選択についてですが、好きなことを仕事にできれば、とても幸せだと思います。仕事イコール趣味というのはすばらしいことです。けれども、趣味はじぶんの心を支えるものとして割りきって（つまり諦めて）、仕事は趣味に無関係なものにすることは、けっしておかしなことではありません。私の仲間には、オーケストラでの演奏が趣味という人がいますが、クラシック音楽に関わる内容を仕事にするのは、やはり困難でした。その人は、オーケストラでの活動をつうじてリーダーとしての役割を演じたことがなかったので、じぶんで切りまわしのできる仕事に憧れて、そういう裁量権が許されている職場を選ぶことにしました。そういう発想でも、充分に幸せになることができます。

私は子どもの頃から研究者になりたい少年でした。私の人生にとって最大の幸福は、その夢がかなったことだと思っています。私は研究者としては、それなりに有能だと自負しています。しかし研究者として大学に赴任すると、教育者としても学生の指導をしなければならないし、大学の管理業務もついてきます。これらに関して私はじぶんが有能だとはけっして言えません。むしろ基本的に向いていないと感じます。ですが、研究する喜びを味わえているから、仕事の内容のうち、楽しくないものも給料をもらうための必要な作業として割りきっています。じぶんの趣味を活かせる仕事を選んでも、そういうことは付随してきます。**「前向きに諦める」ことの連続**になるわけです。

完璧主義者は満たされない

発達障害の人には、いわゆる完璧主義者がとても多いです。尋ねてみると、子どもの頃から完璧主義との付きあいに苦労してきたようです。まじめすぎて手を抜けない、SOSが出せず人に頼ることができない、失敗しては叱責されてきたなど、さまざまな事情があります。完璧主義のためにいつまでも仕事が終わらなくてパニック状態になったり、疲労困憊するのが嫌で、課題に取りくむのを先延ばししつづけたりします。

大学の教員をやっていて、試験や平常点を総合的に判断して90点以上なら「秀」を、80点以上なら「優」を、70点以上なら「良」を、60点以上なら「可」を、59点以下なら「不可」の評価を与えています。「この科目では90点以上をめざす!」という野望はあっても良いと思いますが、卒業するための単位を揃えるだけで良いなら、60点以上で充分なわけです。ですから私はじぶんの人生でも、「だいたいの局面は60点でOK」という考え方でいます。

気休めで言っているのではありません。私は中学時代、通知表の評価が「1」から「5」まですべて揃っているような子どもでした。「オール5」の子とは、まったく異質な存在なんだなと思いしらされてばかりでした。大学時代も優、良、可、不可のすべてが入り乱れた成績表を受けとっていました。当時の私の大学では「秀」のカテゴリーはなかったのですが、なかには「秀」レベルの成績を残した科目もたくさんあったはずです。卒業論文は、恩師たちから学科史上最高の出来と言われるようなレベルでしたからね。

諦めたくないものを守るために、諦められるものは諦める。その考え方を駆使して、私はサバイバルしてきたということになります。

Facebookの創業者マーク・ザッカーバーグに〈Done is better than perfect〉という有名な格言があります。「完璧を期すよりも、まずは終わらせろ」という意味です。完璧主義でない人が、この言葉を掲げてザツな仕事に慣れてしまうのは、良くないことだと思います。でも完璧主義の人は、この言葉を心に抱いておくことが、大きな指針になります。

私は、この言葉は完璧主義者から可謬《かびゅう》主義者に、つまり人間は失敗するのが当たり前だという考えの人になることと同じだと思っています。完璧主義者は、5章で紹介した言い方では「満点主義者」です。可謬主義者は「これで満足だ主義者」です。**60点を達成して、これで満足だと思える人は、90点を取らないと、できれば100点を取らないといけ**

ないと思っている人よりも、幸せな人生を送りやすいのではないでしょうか。「社会的成功」を達成しても、幸せに感じていない人はたくさんいます。満足感の高い人生を送ることで、「生活の質」が達成され、幸せになることができます。成功よりも幸福のほうがすてきなものです。

発達障害の人は、適応障害、鬱病、双極症、社交不安障害などの二次障害を罹患することが非常に多いです。**人の心は消耗品です**。深刻な二次障害を抱えたら、ほとんど何もできないまま30年くらいの時間が吹っとぶことだってあります。ですから60点でOKという可謬主義者に、「これで満足だ主義者」になってほしいです。そのためには、たっぷりと休憩を取りながら生活すること、そしてじぶんだけで抱えこまずに、理解者や支援者につながって、ちゃんと支えてもらうことが重要になってきます。

おわりに

最後まで読んでくださってありがとうございます。この本には、私が発達障害の診断を受けるまでのあいだ、長年ひとりだけで続けてきた当事者研究（未満）の内容も、発達障害の診断を受けてから仲間とやるようになった本格的な当事者研究の内容も、仲間たちが私とは無縁にやってきた当事者研究の内容も盛りこんでいます。実際に私の人生ではそうだったという情報も書きましたし、こうだったら良かったなと思っていることも書きました。

どの情報をどの段階で発達障害の子どもに伝えるかは、あるいは、どの情報を伝えないかは、お子さんとの個別の当事者研究のなかで考えてみてください。人は誰でもその人自身のタイミングでしか変わっていきません。ですから無理強いは禁物です。他方で、いつか起こるかもしれない内発的な変化のために、あらかじめ外発的な刺激を与えておくことは好ましいことだと思います。焦らずに、ゆっくりと、少しずつ。

本書は発達障害の子どもの親を対象としていて、その人たちに語りかけるような意識で書いてきました。その人たちの子どもの成長に寄与するための本です。しかし、書いたことには普遍的な事柄も多く含まれていると思います。親のみなさんにも、あるいは発達障害の子どもの親ではないけれど、この本を読んだという人にとっても、読んで良かったと思ってもらえると、とてもうれしいです。

私に執筆依頼の声をかけてくれて、しっかり支援してくれた鈴木萌さん、清冽な装画、装丁、本文デザインを担当してくださった西山寛紀さん、西垂水敦さん、市川さつきさんに心から感謝します。インタビューに協力して体験談を語ってくれた仲間のすぷりんとさん、Ｔｅｎさん（Ledesone代表）、もねさん、固体うさぎさん、不注意おとこさんにも感謝します。これまでのご経験を聞かせてくださったとんさん、杉並区立済美教育センターの月森久江さん、ふだんの業務を見学させてくれたハッピーテラス柏Ⅱ教室とＯＮＥ文京湯島のスタッフのみなさん、利用者の子どもたちと保護者のみなさんにも感謝をこめて。

２０２３年８月　横道誠

参考文献

- **アイザックソン、ウォルター**『スティーブ・ジョブズ』全2巻、井口耕二(訳)、講談社、2011年
- **井手正和**『発達障害の人には世界がどう見えるのか』、SBクリエイティブ、2022年
- **カンツィアン、エドワード・J／アルバニーズ、マーク・J**『人はなぜ依存症になるのか――自己治療としてのアディクション』、松本俊彦(訳)、星和書店、2013年
- **岸見一郎／古賀史健**『嫌われる勇気――自己啓発の源流「アドラー」の教え』、ダイヤモンド社、2013年
- **京都大学(2016)**「自閉症児は黄色が苦手、そのかわり緑色を好む―発達障害による特異な色彩感覚―」、京都大学「研究・産官学連携―最新の研究成果を知る」(www.kyoto-u.ac.jp/ja/research/research_results/2016/161223_2.html)
- **クランボルツ、J・D／レヴィン、A・S**『その幸運は偶然ではないんです！――夢の仕事をつかむ心の練習問題』、花田光世／大木紀子／宮地夕紀子(訳)、ダイヤモンド社、2005年
- **杉山登志郎**「自閉症に見られる特異な記憶想起現象――自閉症のtime slip現象」、『精神神経学雑誌』96号、1994年、281-297ページ
- **チクセントミハイ、M**『楽しみの社会学』改題新装版、今村浩明(訳)、新思索社、2000年
- **帚木蓬生**『ネガティブ・ケイパビリティ――答えの出ない事態に耐える力』、朝日新聞出版 、2017年
- **フリス、ウタ**『自閉症の謎を解き明かす』新訂版、冨田真紀／清水康夫／鈴木玲子(訳)、東京書籍、2009年
- **松本敏治**『自閉症は津軽弁を話さない――自閉スペクトラム症のことばの謎を読み解く』、KADOKAWA、2020年
- **村中直人**『ニューロダイバーシティの教科書――多様性尊重社会へのキーワード』、金子書房、2020年
- **村中直人**『〈叱る依存〉がとまらない』、紀伊國屋書店 、2022年
- **横道誠**『みんな水の中――「発達障害」自助グループの文学研究者はどんな世界に棲んでいるか』、医学書院、2021年
- **American Psychiatric Association(編)**『DSM-5-TR　精神疾患の診断・統計マニュアル』、日本精神神経学会(日本語版用語監修)、髙橋三郎／大野裕(監訳)、医学書院、2023年
- **Ausonius,** *Ausonius: in two volumes.* With an English translation by Hugh G. Evelyn White. William Heinemann / G.P. Putnam's Sons, 1919-1921
- **THE OWNER編集部**「エビングハウスの忘却曲線とは？ 本来の意味やビジネスへの賢い活用法を解説」、THE OWNER、2023年2月26日(https://the-owner.jp/archives/6006)

横道 誠

よこみち・まこと

1979年、大阪市出身。京都府立大学准教授。文学博士(京都大学)。専門は文学・当事者研究。

子どもの頃からじぶんの苦労を減らすため、さまざまなライフハックを独自に開発してきたが、40歳で自閉スペクトラム症と注意欠如多動症の併発と診断され「ああ、生きづらさはこのためだったのか」と気づく。発達性協調運動症および限局性学習症(算数障害)も併発していると語る。

発達障害の子の困りごとはほんとうにバラバラなので、子どもがじぶんで(親の手を借りながら)じぶんに合った方法を編み出せることを願い、本書を執筆した。

『みんな水の中――「発達障害」自助グループの文学研究者はどんな世界に棲んでいるか』(医学書院)、『唯が行く!――当事者研究とオープンダイアローグ奮闘記』(金剛出版)、『イスタンブールで青に溺れる――発達障害者の世界周航記』(文藝春秋)など著書多数。

発達障害《はったつしょうがい》の子《こ》の勉強《べんきょう》・学校《がっこう》・心《こころ》のケア
――当事者《とうじしゃ》の私《わたし》がいま伝《つた》えたいこと

2023年10月15日　第1刷発行

著　者　横道《よこみち》 誠《まこと》

発行者　佐藤 靖
発行所　大和《だいわ》書房
東京都文京区関口1-33-4 〒112-0014
電話 03-3203-4511

装丁・本文デザイン　西垂水敦、市川さつき
装　画　西山寛紀

本文印刷　信毎書籍印刷
カバー印刷　歩プロセス
製　本　小泉製本

ISBN978-4-479-78592-7

https://www.daiwashobo.co.jp